Brigitte K.
Ein Mutterherz vergisst nie

Brigitte K.

Ein Mutterherz vergisst nie

Zwangsadoption in der BRD

Die Deutsche Nationalbibliothek verzeichnet diese Publikation
in der Deutschen Nationalbibliografie; detaillierte
bibliografische Daten sind im Internet über
http://dnb.d-nb.de abrufbar.

Herstellung und Verlag:
BoD - Books on Demand, Norderstedt
ISBN 978-3-7392-1347-7

Brigitte K. – Ein Mutterherz vergisst nie

Vorwort

In diesem Buch geht es um eine wahre Geschichte. Die Hauptfigur des Buches bin ich selbst, als 15 Jähriges Mädchen, die noch zu diesem Zeitpunkt an das Gute im Menschen glaubt und dann bitter Enttäuscht wird und den schönen Worten eines Menschen bis heute kein Vertrauen mehr geschenkt hat. Ich vertraue keinem Gynäkologen, keinen Krankenhaus–Ärzten, keinen Krankenschwestern, Jugendämtern oder Behörden, weil von allen diesen Menschengruppen, bin ich belogen, betrogen und menschenunwürdig behandelt worden. Sie alle haben mich, um meine Babys betrogen. Ich wurde von Ihnen körperlich und seelisch misshandelt. Das was ich im zarten Alter von 15 Jahren erleben musste, werde ich mein Leben lang nicht vergessen. Was habt ihr mir angetan, war das zum Wohle eines Kindes, einer Minderjährigen Mutter, die sich auf ihre Kinder gefreut hat und in einem geregelten sozialen Umfeld lebte. Ihre Babys nach der Geburt zu entziehen. Gebt mir endlich ehrliche Antworten auf alle meine offenen Fragen, nach dem Warum. Hört endlich auf, mich heute noch anzulügen. Es kann nur vorbei sein, wenn ich die Wahrheit erfahre und endlich jemand mit mir über das vergangene von 1973 redet, um mir zu sagen, warum, wieso, weshalb. Was ist mit meinen Kindern nach der Geburt geschehen. An wen habt ihr Unmenschen sie weiter gereicht. Ist eine von Ihnen wirklich verstorben, oder habt ihr die Geschwister in verschiedene Familien gegeben, redet Endlich. Hört auf, bis heute, meinen tragischen Fall zu leugnen.

Ich würde gerne, meine Geschichte mit es war einmal beginnen, aber so beginnen Märchen, die ich als kleines Mädchen liebte. Das was ich zu erzählen habe, ist kein Märchen, sondern ein nicht endender Alptraum. Zwangsadoption in der BRD. Sie werden jetzt denken, was in der BRD, so etwas gab es da. Ich dachte nur in der DDR. Nein, sage ich, das ist ein Irrtum, denn ich habe diesen Alptraum-Zwangsadoption in der BRD hautnah mit erlebt. Ich bin zum Opfer der Machenschaften von Ärzten, Krankenschwestern, Jugendämtern und Behörden geworden. Meine Zwillinge, ich weiß heute noch nicht, ob ein Mädchen oder beide Mädchen leben, weil niemand mit mir redete. Meine Schwangerschaft und Geburt sollte noch in der Frauenklinik in Berlin vertuscht werden. In diesem Buch werden Sie des öfteren Lesen, das ich von meinen Mädchen schreibe, das entspricht der Wahrheit, denn ich habe 2 eineiige Mädchen am 16. 9. 1973 zur Welt gebracht, danach wurden mir alle Lichter ausgeknipst, mit anderen Worten ich war wie tot durch zu viel Narkosemittel, ausgeschaltet. Ich bin nach drei Stunden völlig benommen aufgewacht in einem menschenleeren Raum. Gegenstände waren abgedeckt mit weißen Tüchern. Überall herrschte eine totenstille. Ich fühlte mich benommen und entkräftet. Mein Ausgangsgewicht vor meiner Schwangerschaft war 45 kg, da können sie sich vorstellen, was ich für eine zierliche Person war. Aber das hat niemanden wirklich interessiert. Ich war nur der Brutkasten für die Beteiligten, in dieser Folterkammer, die kein Kreißsaal war. Mein erster Gedanke war, wo sind meine Kinder. mein zweiter Gedanke, wo bin ich. Bin ich tot oder noch am Leben. In diesem schlechten Spiel, war ich immer das Opfer. Niemand von denen nahm irgendwelche Rücksicht, auf meine Gefühle, meine Ängste, oder mein Mutterherz. Ich frage mich jeden Tag, warum ich, warum meine Kinder was habe ich böses getan, außer das ich Minderjährig 15 Jahre und schwanger war. Ist das ein Grund, das ich so menschenunwürdig behandelt wurde. Nein, das ist kein Grund. Es fällt mir selber nicht leicht, über das Erlebte zu schreiben, aber ich merke auch, es befreit und ich hoffe, das meine Botschaft alle Menschen erreicht und ein Zeichen setzt, das niemand das Recht auf dieser Erde hat, Menschen so unwürdig zu behandeln, bloß um eine Behördliche Anordnung durchzusetzen. Ich möchte mit meiner Geschichte allen Müttern und deren Familien Mut machen, immer weiter nach ihren Zwangs - adoptierten Kindern zu suchen, auch wenn der Weg in den Abgrund führt, den Glauben und die Hoffnung nie aufzugeben. Meine Hoffnung ist, das Jugendamt – Mitarbeiter und Behörden meine Geschichte lesen und nochmals überdenken, was sie ganzen Familien antun, wenn sie angeblich zum Wohle des Kindes, einer Minderjährigen Mutter ihr Kind entreißen und der Fehlgeleiteten Meinung sind, sie wäre nicht in der Lage, aufgrund ihres Alters ein Kind großzuziehen – erst einmal, die gesamte Familiensituation beleuchten und dann gemeinsam mit der leiblichen Mutter über das Wohl ihres Kindes entscheiden. Ein Mutterherz ist nicht Altersabhängig, ich weiß von was ich schreibe. Meine Kinder suche ich seit dem sie mir von denen entrissen worden sind seit dem 17. 09. 1973. Es ist kein Gras über die Sache gewachsen, beliebter Spruch von Jugendamt Mitarbeitern. Was wissen die schon, was eine Mutter denkt und fühlt, wenn sie in ihr Lügennetz tappen und ihrem ständigen Grinsen im Gesicht und deren schönen Worte, es geschieht nur zum Wohle des Kindes. Sie lügen eiskalt der Mutter und deren Familien ins Gesicht, nur mit dem Ziel, das Kind in eine fremde Familie zu schaffen. Ist ihnen allen wirklich bewusst, wie unmenschlich eine Zwangsadoption für alle Beteiligten ist. Ich habe bis heute nicht bemerkt, das es mir oder meiner Familie gut getan hat, das uns die Kinder aus der Familie gerissen wurden. Ohne wenn und aber, oder die daraus entstandenen Konsequenzen, den seelischen Schaden, der von ihnen zurück gelassen worden ist. Egal, Hauptsache es steht in ihrer Jugendamt - Akte – zum Wohle des Kindes… Ich verachte sie dafür, was mir, meinen Kindern und meiner Familie angetan worden ist. Die Behördenmühlen sind eiskalt und haben kein Herz. Ich war nur ein Fall, eine Akte. Eine Minderjährige, die schwanger war. Aber eigentlich war ich eine 15 Jährige, die schwanger war, einen festen Freund hatte und in einem stabilen Elternhaus groß wurde. Wir hatten eine 104 qm^2 große Wohnung in Berlin-Rudow, im 20 Stockwerk mit Gäste-WC. Wir lebten dort mit 4 Personen. Wir hatten 5 Zimmer und ein Zimmer sollte für die Kinder sein. Meine Eltern waren beide in Arbeit. Vater war von Beruf –Elektroniker und Mutti war als Verkäuferin tätig. Meine Schwester hatte gerade ihre Ausbildung zur Erzieherin angefangen. Mein Leben war in geregelten Bahnen. Mutti wollte, wenn die Zwillinge da sind, nur noch halbtags arbeiten, da sie mir zutraute mich vormittags um meine Kinder zu kümmern. Das war für mich auch kein Problem, denn ich war eine verantwortungsvolle 15 Jährige Schwangere. Alle Vorsorgeuntersuchungen nahm ich bei meinem Frauenarzt wahr. Ich kümmerte mich schon im Bauch liebevoll um meine Babys. Ich streichelte jeden Tag bei jeder Gelegenheit über meinen schwangeren Bauch und redete mit meinen Kindern. Wir konnten gar nicht die Geburt abwarten, alle waren aufgeregt und planten für die Kleinen. Mein Freund, Vater der Kinder kam auch aus einem stabilen Elternhaus. Sein Vater war Niederlassungsleiter in Berlin, seine Mutter Hausfrau. Er ist mit seinen Eltern im Alter von 3 Jahren nach Berlin zugezogen, sie wohnten in Westfalen. Mein Freund absolvierte eine Ausbildung zum Vermessungstechniker. Es war für ihn zwar ungewohnt mit 18 Jahren Vater zu werden, aber er freute sich sehr und wollte zu mir und seiner kleinen Familie halten. Die einzigen, die nicht ganz einverstanden waren mit unserem jungen Alter und der Schwangerschaft, war mein streng katholischer Vater vor der Ehe Sex ist eine Todsünde!!!Und die Eltern meines Freundes. Dort hörten wir ständig, ihr seit zu jung, um so früh Eltern zu werden. Mein Vater weinte um mich, wegen der frühen Schwangerschaft, bei fast jeder Gelegenheit Na ja, wir dachten, alle werden sich freuen, wenn die Kinder erst einmal auf der Welt sind. Aber auch mit dieser Annahme sollten wir uns irren. Die Intrige sich gegen die Babys zu entscheiden, kam, wie ich Jahre später erfahren habe, leider auch aus den eigenen Reihen. Was sehr schmerzlich für mich war, denn dort habe ich es am wenigsten erwartet, weil ich vertraut habe. Es hat scheinbar bis auf wenige Ausnahmen, wie meine Mutter niemanden interessiert was wir wollten, alleine dieser Eingriff in ein Menschenleben ist unmenschlich, aber es sollte noch viel schlimmer kommen, das ist nur der Anfang des Buches und meiner wahren Erlebnisse. Ich erlebte, das Unglaubliche, unfassbare, Alptraum. Ich fühlte mich wie in einem Horrorfilm, in der Realität. Lesen sie meine Geschichte und machen sie sich ein eigenes Bild über den Alptraum, den ich erleben musste. Alleine und Einsam, alle Menschen, die mir wichtig waren, wurden manipuliert und ausgeschaltet, niemand durfte an meiner Seite sein, keine vertraute Person, nur weil sie meine Kinder wollten. Jetzt werden sie sich sicher fragen, wer wollte ihre Kinder. Wie ich schon erwähnte, die Verräter kamen leider aus den eigenen Reihen, nur so konnte es dem Jugendamt gelingen, an meine ungeborenen Babys heran zu kommen, indem sie mit ihren Erpressungsversuchen eine ganze Familie ins Misstrauen stürzte und Niemand dem anderen mehr vertraute. Das waren die Machenschaften der staatlichen Jugendämter 1973. Meine Mutter wurde von ihnen kurz zuvor, ein Tag vor der Geburt meiner Kinder mit mir, erpresst und unmenschlich unter Druck gesetzt. Diesen Druck konnte meine Mutter nicht stand halten, es waren zu viele. Mein Alptraum begann im Jahr 1973. Meine wahre Lebensgeschichte. Davon ist nichts erfunden. Alle Erzählungen entsprechen der Wahrheit. Das Telefon klingelte. Ich bin gerade eben von der Schule nachhause gekommen und kochte mir mein Lieblingsgericht Nudeln mit Tomatensoße. Mit 15 mein absolutes Lieblingsessen. Mutti und Papa waren noch arbeiten und kamen erst am Abend nachhause. Ich rannte zum Telefon und freute mich total. Mein Freund, wir waren 1 Jahr zusammen rief mich an. Er war meine erste Liebe und er meinte es ernst mit mir. Mein Freund war 3 Jahre älter als ich und wurde sogar von meinem streng katholischen Vater akzeptiert, auch wenn er mindestens 20 mal in mein Zimmer schaute und kontrollierte, als mein Freund bei mir zu Besuch war. Ich sagte dann, wenn die Tür aufging und Papa seinen Kopf durch die Tür steckte, um seine Fragen zu stellen, Papa, es ist alles Ok. Er lachte schelmisch und schloss zufrieden die Tür. Papa hütete mich wie seinen Augapfel. Ich konnte ihn verstehen, denn ich war Minderjährig und meine Eltern hatten die Aufsichtspflicht, die sie innerhalb unserer 4 Wänden sehr ernst nahmen. Mein Freund hatte auch ein Zuhause und seine Eltern waren nicht immer anwesend. Er rief mich genau an so einem Tag an. Wir verabredeten uns im Dezember 1972 am Nachmittag am U-Bahnhof und er holte mich pünktlich ab. Er strahlte und meinte, wir haben Sturm frei. Na, das ist doch super, dachte ich. Endlich ohne Papas wachsames Auge. Ich war so aufgeregt. Ich fragte ihn, wann seine Eltern wieder kommen, er sagte - sehr spät und grinste. Er und ich waren schon ein Jahr zusammen und bis auf Schmusen und kuscheln, war nichts zwischen uns gewesen. Da er fast immer bei mir zu Besuch war, konnte da auch nichts passieren, denn da war mein Vater, der immer ein wachsames Auge auf uns hatte. Nun gut, dachte ich, wenn es heute passiert, dann wollen wir es wohl beide. Es passierte zum Ersten mal und noch was. Das Kondom ist zerrissen, toll dachten wir und Nun. Ach, sagte ich zu Peter, ein mal ist kein mal, da sollte ich mich irren. Es passierte im Dezember 1972. Ich fragte meinen Freund was ist, wenn ich schwanger geworden bin, was werden unsere Eltern sagen Oh Gott und erst mein Vater, wo er mich immer so behütet hat und dieses Erste mal doch verhindern wollte, da er mich für Sex viel zu jung gehalten hat. Mutti musste es zuerst erfahren. Gedanken wirbelten mir durch den Kopf, bis mein Schatz den Film in meinem Kopf anhielt und mich in die

Wirklichkeit zurück holte. Maus wir warten erst einmal in Ruhe ab, ob du schwanger geworden bist?! Lasse uns jetzt abschalten. Ich werde in jedem Fall zu euch halten, zu dir und dem Kind. Dann nahm er mich fest in seine Arme. Am Abend brachte er mich zum U-Bahnhof zurück und ich fuhr mit einem schlechten Gewissen nachhause und hoffte, das mir niemand zu Hause ansieht, was ich getrieben habe. Zuhause angekommen, begrüßte ich meine Familie und verkroch mich sofort in mein Zimmer. Am nächsten Morgen waren meine Eltern zur Arbeit gefahren und ich ging wie immer zur Schule. Ich erzählte niemanden, was ich am Tag zuvor getan habe, nicht einmal meiner besten Schulfreundin. Auch nicht von meiner Vermutung schwanger geworden zu sein. Im Schulunterricht konnte ich mich nicht konzentrieren, alle Gedanken stürzten auf einmal auf mich ein. Sollte ich schwanger sein, wie sage ich es meinen Eltern. Ich sage es Mutti zuerst und Papa, wie soll ich es ihm sagen, irgend wann sieht er meinen schwangeren Bauch. Ich werde es meiner älteren Schwester sagen, sie wird mich bestimmt unterstützen. In meinen Gedanken versunken, stieß mich meine beste Schulfreundin an und meinte, hey schläfst du. Ich erschrak und zuckte zusammen, nein geht schon, sie schaute mich komisch an. Ob sie es sieht, oder es gemerkt hat, was gestern geschehen war. Ich beruhigte mich selber, nicht daran denken, abwarten wie mein Schatz sagte. Vielleicht bin ich gar nicht schwanger. Ein mal ist kein mal!Da sollte ich mich irren. Im Februar 1973 blieb meine Periode aus und was nun, dachte ich. Ich versuchte die damit verbundene Übelkeit zu verdrängen und wollte nicht glauben, das ich sofort schwanger geworden bin. Ich bin zwar aufgeklärt worden, aber wir haben ja verhütet. Leider ist es wohl schief gegangen, wofür wir nicht verantwortlich waren, aber das tröstete mich auch nicht. Ich sagte niemanden etwas über meine Vermutung und wollte bis März abwarten. Wenn mein Schatz mich fragte, na und, bist du schwanger, sagte ich zu ihm, ich warte noch ab. Im März blieb wieder meine Periode aus, ein

Schwangerschaftstest musste her. Ich brauchte 20,00 DM. Es war Samstag und am Wochenende waren meine Eltern zuhause. Wie kriege ich das Geld für den Schwangerschaftstest zusammen, ich hatte kein Geld und ich wollte auch Mutti noch nichts erzählen, bevor es sicher ist, das ich schwanger bin. Am Sonntag abends fasste ich mir ein Herz und ging zu Mutti, die gerade in der Küche beschäftigt war. Mutti, sagte ich leise, ich wollte morgen bummeln gehen, kannst du mir Geld geben, bitte. Mutti war eine weise Frau und vor allem kannte sie ihre kleine Tochter. Mutti wusste, es war dringend und gab mir die 20,00 DM, dabei lächelte sie mich warmherzig an und meinte einfach mal so, was ist denn los, bist du schwanger Die Röte schoss mir ins Gesicht und ich dachte nur, woher weiß das Mutti, hat mich jemand verraten. Blödsinn, wer denn, mein Freund hat dicht gehalten, auf ihn konnte ich mich verlassen. Der verrät mich nicht. Mutti schaute mir immer noch tief in meine braunen Augen. Nein, was denkst du denn von mir, regte ich mich auf und hoffte das Papa nicht dazu kommt, aber der schaute in aller Ruhe seine Tagesschau im Fernsehen Ein Glück dachte ich. Mutti hörte auf zu bohren und ich lief eilig in mein Zimmer, gute Nacht rief ich und Danke Mutti. Ich wälzte mich in der Nacht von Sonntag zu Montag in meinem Bett hin und her und wachte sehr Früh völlig gerädert auf. Schule war heute nicht, außerdem war mir schon wieder am Morgen übel. Ich würgte mir ein Toastbrot und einen Tee herunter und wartete bis die Apotheke im Einkaufszentrum Rudow öffnete. Nun war es endlich so weit, ich lief langsam zur Apotheke. Ich öffnete ängstlich die Apotheken Tür trat ein. Eine freundliche Mitarbeiterin kam zu mir und fragte. Na, was kann ich für Sie tun, sie lächelte freundlich und nahm mir die Angst zu fragen. Haben sie einen Schwangerschaftstest der sicher ist, stammelte ich unsicher vor mich hin. Sie lief sofort los und stellte mir einen Schwangerschaftstest hin – der ist Neu und sicher 19, 90 DM. Ich dachte an Mutti, sie hatte mir genau 20,00 DM gegeben, Zufall oder wusste sie Bescheid. Meine Mutter hatte schon immer einen 7 Sinn.

Abbildung 1: Meine Eltern

Ich steckte mir den Test in eine Tüte und rannte schnell nach-hause. Ich schloss, die Haustür auf, stand am Fahrstuhl. Es dau-erte eine Ewigkeit bis der endlich da war und dann noch bis in den 20 Stock hochfahren, das dauerte heute die doppelte Zeit, so empfand ich es jedenfalls. Endlich oben in der Wohnung an-gekommen, lief ich sofort ins Gäste WC, wo ich schon alles für den Test vorbereitet hatte. Ich öffnete den B Test und habe mir die Gebrauchsanweisung sorgfältig durchgelesen. Was steht da, der Test dauert 4 Stunden, ist das lange, dachte ich und fing an, die Test Zutaten zu vermischen und stellte den Test dann auf eine Konsole im Gäste-WC. Hoffentlich kommt Mutti oder Papa nicht früher von der Arbeit, das würde mir noch fehlen, dann fliegt alles auf. Ich schaute fast jede halbe Stunde ins Gäste-WC um zu kontrollieren, ob sich der Test verändert, aber es geschah nichts. Es dauerte eben 4 Stunden, ich musste mich zur Geduld zwingen, denn Geduld war nicht meine Stärke. Endlich gegen Mittag war soweit, ich schlich ins Gäste-WC. Dort stand meine Zukunft schwanger oder nicht schwanger. Der Test, der über meinen zukünftigen Lebensweg entscheiden wird. Ich hatte Angst hinzusehen. Das Ergebnis war eindeutig – schwanger. Der kleine dicke rotbraune Ring war nicht zu übersehen oder falsch zu deuten schwanger was nun. Ich musste mich aufs Klo setzen, sonst falle ich um dachte ich. Ich konnte es nicht glauben, immer wieder kontrollierte ich das Ergebnis von allen Seiten ist es Wahrheit oder Traum. Um so öfter ich mir das Ergebnis schwanger ansah, um so mehr wurde es zur Realität für mich. Ich bin schwanger, ich muss meinen Schatz anrufen. Mit zitternden Händen wählte ich am Abend seine Telefonnummer und hoffte, das er ans Telefon kommt. Ich bekam beim 3 Klingeln Schweißausbrüche. Was sage ich wenn seine Mutter ans Telefon kommt. Nach dem 5 Klingeln kam er völlig verschlafen ans Telefon Ja... ich bin es Brigitte. Ich muss dir etwas sagen lass mich raten kam vom anderen Ende der Telefonleitung, du bist schwanger. Nein, doch, wo her weißt du das denn, ich glaube ich hatte in diesem Moment 1000 Fragezeichen über meinem Kopf zu schweben. Gut, ich war so erleichtert, so leicht war das, zu sagen, das ich schwanger bin. Dann durften die anderen Familienmitglieder auch kein Problem für mich sein. Ich war voller Tatendrang, als ich den Hörer auflegte, meine frohe Botschaft weiter zu verbreiten. Schatz hatte Wort gehalten, er steht zu mir und dem Baby. Er hat gesagt er ist stolz darauf Vater zu werden. Er hätte seine Ausbildung mit 19 sowieso abgeschlossen. Dann könnte er uns auch ernähren. Es schien alles perfekt. So langsam freundete ich mich auch mit den Gedanken an mit 15 Mutter zu werden ich war sogar glücklich darüber – besser früher als später, war meine Einstellung. Mutti war gerade beim Mittagessen kochen, da stand ich in der Küche. Na, gibt es was neues bei dir. Ich wurde schon wieder Rot. Hast du dir von den 20,00 DM etwas gekauft. Ja, eigentlich schon erwiderte ich. Mama, ich bin,. Mama, ich bin,. es wollte nicht raus. Ich nahm allen Mut zusammen und stammelte Mama ich bin schwanger. Meine Mutter sah mir in die Augen, lächelte und sagte, das habe ich mir schon gedacht. Mir fiel ein riesiger Stein vom Herzen und jetzt gehe ich zu Papa. Gerade wollte ich zu Papa ins Wohnzimmer stiefeln, hielt mich meine Mutter sanft am Arm zurück. Papa sagen wir es erst, wenn du beim Frauenarzt warst und es sicher ist. Gut, eigentlich war ich froh darüber, denn für diesen Tag war ich zufrieden mit mir und der Welt und Papa sollte es erst später erfahren, weil er bestimmt darunter leiden wird versagt zu haben. Er hat unsere junge Beziehung so bewacht und ich bin schwanger geworden. Da liegt ein Stück Arbeit vor mir, Mutti wird mich unterstützen und meine Schwester, auf die ich immer zählen konnte. Meine Schwester erfuhr von Mutti, das ihre kleine Schwester schwanger ist und freute sich Tante zu werden. Eine Woche später hatte ich bei einem Arzt meinen ersten Frauenarzt Termin. Ich war gespannt und mir war übel. Ich ging ins Untersuchungszimmer und der Frauenarzt untersuchte mich und ohne ein Blatt vor den Mund zu nehmen sagte er zu mir - Sie sind im 3 Monat schwanger. Ich sagte nur ja, ich habe vor einer Woche einen Schwangerschaftstest durchgeführt und dieser war positiv. Er nahm mir für weitere Untersuchungen Blut ab und gab mir im April 1973 den nächsten Termin zur Vorsorge. Dann drückte mir die Sprechstundenhilfe, meinen ausgefüllten Mutterpass in die Hand und wünschte mir alles Gute. Der Geburtstermin war der 15. 10.1973. Voller Freude und Stolz ging ich nachhause und zeigte sofort meiner Mutti meinen Mutterpass. An diesem Tag beschlossen Mutti und ich unseren Papa mit der Nachricht noch zu schonen, bis er den Schwangerschaftsbauch von selber sieht. Mein Freund hatte es seinen Eltern in der Zwischenzeit auch gebeichtet, sein Vater enthielt sich der Stimme und schwieg und seine Mutter sagte nur – oh Gott, Junge ihr seit doch noch viel zu jung für ein Kind. Es interessierte mich nicht, was seine Eltern davon hielten. Hauptsache er und meine Familie sind für uns da und darauf konnte ich bauen. Im April 1973 war mein 2 Vorsorgetermin. Es war für mich sehr spannend, da der Frauenarzt mit einem Hörrohr versuchte den Herzton des Babys zu finden. Nach einigen suchen fand er den Herzton. Einen dachte ich. Er kontrollierte nochmal an zwei Stellen meines Bauches mit dem Hörrohr, dann schaute er mich an und sagte, ich bin der Meinung, ich habe zwei verschiedene Herztöne gehört, es sieht so aus, als wenn sie Zwillinge erwarten. Meine Knie wurden weich und sie irren sich nicht, ich bekomme Zwillinge. Ja, erwiderte er, herzlichen Glückwunsch junge Frau. Ich lief so schnell ich noch konnte nachhause und plapperte sofort los. Mutti, stelle dir vor, ich bekomme Zwillinge. Wer Sagt das, meinte Mutti, mein Frauenarzt hat eben bei der Untersuchung zwei verschiedene Herztöne gehört. Ich bekomme Zwillinge. Plötzlich, eine tiefe Stimme hinter mir, was habe ich da eben gehört, das stimmt doch nicht. Ich fuhr in mich zusammen, als Papa hinter mir stand. Ich drehte mich zu ihm um und sah in seine Tränen erfüllten enttäuschen Augen. Oh Gott Papa, es tut mir Leid, so solltest du es nicht erfahren. Er sagte nichts drehte sich von mir weg und ging zurück ins Wohnzimmer. Mutti und ich standen wie angewurzelt da und niemand wusste was er dazu sagen sollte. Mutti sagte, Papa braucht jetzt Ruhe, er muss sich erst an den Gedanken gewöhnen Opa zu werden. Ich rede in den nächsten Tagen nochmal mit ihm darüber. Ich machte mir solche Gedanken, wie musste mein Vater sich fühlen, alle wussten von meiner Schwangerschaft, nur er wurde nicht eingeweiht. Papa musste zwischen Tür und Angel von meiner Schwangerschaft erfahren, ich schämte mich so sehr, das hatte Papa nicht verdient. Als ich heimlich ins Wohnzimmer um die Ecke schaute, saß Papa in seinem roten Ledersessel und weinte unter seiner Sonnenbrille. Papa hatte die Angewohnheit, das es nicht auffällt, wenn er auch mal weinen musste , seine Sonnenbrille aufzusetzen, denn Papa wirkte manchmal von außen hart und von innen war er butterweich. So war mein Papa, immer die Haltung nach außen hin bewahren und alleine im Zimmer hinter der Sonnenbrille weinen. Wir ließen Papa in Ruhe und hofften, er kann uns verzeihen, das wir ihm von meiner Schwangerschaft noch nichts gesagt haben. Einige Tage später hatten Mutti ich und Papa nochmal ein Gespräch, indem ich ihm erklärte, das ich Angst hatte es ihm zu sagen, aber das ich es ihm jetzt sagen wollte. Papa nahm zwar enttäuscht, meine Entschuldigung an und wir redeten nicht mehr darüber. Da waren noch die Eltern meines Freundes denen die Schwangerschaft überhaupt nicht passte. Bei einem Familientreffen versuchten sie meinen Vater auf ihre Seite zu ziehen. Ich bekam nur beiläufig mit, das sie sich über uns unterhielten und mein Vater wieder weinte. Die Eltern sagten, wir sind noch viel zu jung. Meine Mutter redete dagegen und sagte zu ihnen, die Kinder schaffen das schon. Sie wird uns unterstützen, wenn die Babys da sind. Ich dachte, jetzt wird alles gut gehen. Aber auf der anderen Seite hatte ich ein seltsames Bauchgefühl. In den nächsten Wochen war Ruhe eingekehrt. Alle hatten sich beruhigt und meine Schwangerschaft verlief normal. Die Eltern meines Freundes schenkten uns eine Spanien Reise, wir freuten uns sehr darüber. Im Juni 1973 sollte es los gehen. Davor ging ich nochmal zu meinem Frauenarzt, um mir die Genehmigung für die lange Autofahrt zu holen. Es sprach nichts dagegen, da war ich im 6 Monat schwanger. Kurz vor der Reise, überfiel mich wieder dieses seltsame Bauchgefühl, irgend etwas stimmte nicht. Ich sollte mit meiner Vorahnung recht behalten. Nun war der Tag da, der meinen Schicksalsweg verändern sollte. Im Juni ging es am Nachmittag los, auf nach Spanien freute ich mich. Aber irgendwie war mir komisch, bei dem Gefühl 14 Tage von meiner Familie getrennt zu sein. Anderseits konnte ich die Abwechslung und Entspannung im Urlaub gerade in der Schwangerschaft gut gebrauchen. Ich freute mich, als sich das Auto in Bewegung setzte. Ich versuchte abzuschalten und alle negativen Gedanken, über das wenn und aber hinter mir zu lassen. Mein Freund nahm mich liebevoll in den Arm und grinste mich glücklich an. Wir ahnten nichts von der üblen Intrige, die seine Eltern gegen uns geplant haben. Ich fühlte mich gerade so richtig glücklich, als die Mutter mich in einem energischen Ton ansprach. Ich zuckte zusammen, weil ich mit meinen Gedanken schon in der Sonne Spaniens war. Ihre Stimme holte mich unfreiwillig in die Realität zurück. Brigitte hast du mich gehört mahnte mich ihre tiefe Stimme. Ja, ich höre dich. Ich wollte dir nur sagen, das wir noch einen Abstecher zu unserer Verwandtschaft in der Nähe nach Westfalen machen werden, bist du damit einverstanden. Dann kannst du deine zukünftige Verwandtschaft kennen lernen. Ich dachte wir fahren heute nach Spanien, es dauert doch 3 Tage mit dem Auto, bis wir in Barcelona ankommen, ich habe mich so gefreut. Ihre Stimme wurde sofort energischer. Sie herrschte mich an. Niemand hat gesagt, das wir nicht nach Spanien fahren, aber wir fahren vorher noch nach Westdeutschland. Ich schaute unbeholfen meinen Freund an, er nahm mich in den Arm. Mein Freund sagte mal wieder überhaupt nichts dazu, weil er sich nicht wagte, seiner dominanten Mutter zu widersprechen. Sein Vater schwieg wie immer, wenn seine Frau ein Machtwort gesprochen hat. Nur ich traute etwas kleinlaut zu sagen, ich will aber nicht, aber das hörte niemand wirklich. Also beugte ich mich, der Anordnung, es gab kein Entrinnen, außer ich wäre aus dem fahrenden Auto gesprungen. 6 Stunden später waren wir in Westfalen. Dann ging es nach Holzhausen, wo die Oma von ihnen wohnte. Als wir das Bauernhaus der Oma betraten, dachte ich, was soll denn hier für ein Fest gefeiert werden, so viele Menschen, die mir unbekannt waren. Oma, Opa, Tanten, Onkel begrüßten mich sehr freundlich und ich fühlte mich sofort in der Familie herzlich willkommen. Siehst du, beruhigte ich mich selber, niemand tut dir etwas, deine Angst war völlig aus der Luft gegriffen. Das sind bestimmt meine Hormone, die spinnen. Aber ich sollte mich irren, mein Bauchgefühl von Anfang an, hat mich nicht betrogen. Es war schön und gemütlich bei der Oma, wir redeten, lachten viel, ich vertraute ihnen und fühlte mich geborgen. Das einzige, was mir zwischendurch aufgefallen ist, das die gesamte Familie in meiner Gegenwart sich sehr oft auf Plattdeutsch unterhielten und ich überhaupt nichts verstanden habe. Sie haben mich von oben nach unten gemustert Sie schauten mir so oft auf meinen schwangeren Bauch, das es mir schon unangenehm war, weil ich nicht verstand, was sie über mich redeten. Als sie das merkten, das ich schon mit hoch rotem Kopf da saß, hörten sie endlich auf und redeten hochdeutsch. Ich dachte nur, was wollen die von mir. Am Morgen saßen wir gemeinsam am Frühstückstisch und es lag eine seltsame Stille im Raum. Alle benahmen sich verhaltener, als am Tag zuvor. Ich hatte keine Lust mich am Morgen schon wieder mit Problemen zu beschäftigen und freute mich auf die Sonne Spaniens. Ich unterbrach die Stille, wann fahren wir nach Spanien. Alle am Tisch warfen mir einen bösen Blick zu. Höre auf zu fragen, bekam ich zur Antwort, wir fahren schon nach Spanien, aber nicht heute. Wir besuchen heute eine Cousine. Sie haben ein schönes geräumiges Haus mit einem großen Garten, da ist viel Platz. Ich dachte, warum soll mich das Interessieren, ich will nach Spanien. Ich sagte, was soll ich da. Wir fahren alle gemeinsam zu Angela. Widerspruch war zwecklos, was die Mutter meines Freundes sagte, war Gesetz. Gesagt getan, wir fuhren zum Nachbarort, wo die Cousine mit ihrem Mann in einem großen Haus mit Garten wohnte, ohne Kinder. Angela öffnete uns die Tür und musterte mich, genauso wie alle anderen Familien Mitglieder am Tag zuvor. Du, bist Brigitte, die Freundin meines Cousins. Ich bemühte mich freundlich ihre Frage zu beantworten. Sie führte uns ins Wohnzimmer, wo ihr Mann am Tisch saß und mich freundlich begrüßte. Dabei ist es auch geblieben, da Angela das Wort führte. Die gesamte Situation erinnerte mich an die Eltern meines Freundes. Ich musste feststellen, das seine Cousine auch die Tochter von seiner Mutter sein könnte. Aber sie war ja auch ihre Nichte. Sie führe sofort das Gespräch an und keiner Widersprach Ihr. Als wir mit dem Kaffee trinken fertig waren, wollten sie mir sofort Haus und Garten zeigen. Komm mit Brigitte, wir zeigen dir jetzt das schöne große Haus. Ich dachte, was geht denn hier ab, mich interessierte dieses Haus überhaupt nicht. Keine Widerrede, Augen zu und durch. Sie zeigten mir alle Zimmer des Hauses und jedes zweite Wort war, schau doch mal, hier ist so viel Platz für ein Kind und schau dir nur den schönen großen Garten an, da kann man einen Spielplatz aufstellen. Ich sagte schön, ist Angela schwanger. Völlig überrascht, das eine 15 Jährige so gezielte Fragen stellt, kam die Antwort Nein. Und warum textet ihr mich zu, war mein Gedanke. Plötzlich unerwartet überfiel mich dieses seltsame Bauchgefühl und mir wurde übel, ich möchte jetzt sofort gehen. Ich lief so schnell ich konnte alleine zum Auto, ohne mich von der Cousine zu verabschieden. Ich musste noch eine halbe Stunde am Auto warten, bis mein Freund und seine Eltern endlich dazukamen. Alle stiegen ohne ein Wort mit mir zu reden ins Auto ein und wir fuhren wieder zur Oma zurück. Von da an herrschte eine bedrückende Stimmung zwischen uns allen. Am nächsten Tag fand noch mit der gesamten Verwandtschaft ein festliches Essen statt, wo niemand wirklich mit mir redete. Nach 3 Tagen quälender Besuch bei der mir fremden Verwandtschaft, ging es endlich los Hurra wir fahren nach Spanien. Ich war froh, das ich endlich von diesem Ort weg konnte. Die Stimmung im Auto war verhalten und kühl. Mein Freund bemühte sich mit mir normal umzugehen. Er verstand nicht, warum ich mich so feindlich gegen seine Cousine gestellt habe. Ich wollte nicht mehr darüber reden. Je weiter wir uns von diesem Ort entfernten, ging es mir besser und ich fühlte mich wieder ungezwungener. Mit der Zeit lockerte die Stimmung im Auto auf und alle freuten sich auf die Sonne in Spanien. Am Abend machten wir in Oldenburg Rast in einem Hotel. Wir hatten alle Hunger und waren müde. Mein Freund und ich hatten ein Doppelzimmer und schliefen erst einmal richtig aus. Am Vormittag fuhren wir weiter nach Oldenburg, von da nach Barcelona. Am nächsten Tag, kamen wir müde aber glücklich in Barcelona an, wo wir in einem Hotel übernachteten, bevor es am nächsten Tag zum Zielort fuhren. Ein super Apartment und nur 500 Meter zum Sandstrand. Es kam mir vor wie das Paradies. Die Sonne Spaniens tat uns allen gut. Was brauchte ich mehr zum Glück. Alle schwarzen Wolken am Himmel verschwanden mit den Sonnenstrahlen auf meiner Haut. Wir waren alle gut drauf und der Urlaub in Spanien für 14 Tage war für alle sehr erholsam. Die 14 Tage waren wie im Fluge vorbei und mit einem lachenden und einem weinenden Auge fuhren wir wieder nach Berlin zurück. Über den Vorfall in Westdeutschland sprach niemand mehr. In Berlin zuhause angekommen, rannte ich sofort zu meiner Mutter und schmiss mich in ihre Arme. Dann weinte ich mir meinen Frust von der Seele und bemerkte, wie der Besuch in Westdeutschland mir zugesetzt hatte. Ich erzählte meiner Mutter, was ich bei dieser Verwandtschaft erleben musste und das ich dort nie wieder mit will. Mutti tröstete mich, hatte aber ein sehr besorgten Gesichtsausdruck. Sie wollte genau von mir wissen, was passiert war. Sie sagte liebevoll zu mir, mache dir keine Sorgen, denke an deine Kinder. Ich war froh, wieder zuhause zu sein. Zuhause fühlte ich mich beschützt und sicher. Zwischen meinem Freund und mir, war eine Woche Funkstille. Ich wollte meine Ruhe haben und nochmal über die Erlebnisse in Westdeutschland nachdenken. Immer wieder stellte ich mir die selbe Frage, was wollen die von mir, meine Babys. Ich verwarf diesen absurden Gedanken sofort und schob es wieder auf meine Hormone. Bis zum 8. 09. 1973 verlief meine Schwangerschaft perfekt und mit meinem Freund war auch alles wieder im grünen Bereich. Wir planten so langsam den Einkauf für unsere Zwillinge. Einen Doppelkinderwagen Bettchen Bekleidung Kuscheltiere Spieluhren, eben alles doppelt, was zwei Babys alles so brauchen. Der 8. 09. 1973 war ein besonderer Tag für uns alle. Mutti hatte Geburtstag. Die Geburtstagsfeier war vorbereitet, die Familie konnte zu Besuch kommen. Ich freute mich, die Eltern meines Freundes kamen auch zu Besuch. Es war sehr gemütlich. Alle Gäste saßen im Wohnzimmer und unterhielten sich mit Papa. Ich und meine Mutter saßen noch im Esszimmer und plauderten gemütlich. Es war so gegen Abend, als Mutti endlich auf ihren Geburtstag mit Sekt anstoßen wollte. Sie holte die Flasche Sekt gut gekühlt aus dem Kühlschrank und brachte sie zu Papa ins Wohnzimmer, der den Korken knallen lies, ich zog immer den Kopf ein, da ich Angst hatte, vom Korken getroffen zu werden, aber das passierte nicht, da Papa genau aufpasste, wo er landete. Die Sektgläser wurden gefüllt und ich bekam nur ein halbes Gläschen, wie Papa sagte. Wir haben Mutti ein Ständchen Hoch sollst du leben gesungen und alle gemeinsam angestoßen. Ich habe nicht einmal das halbe Glas Sekt getrunken, nur einen kleinen Schluck Sekt. Mutti und ich setzten uns wieder an den Tisch, um uns in Ruhe weiter zu unterhalten. Wir mussten über etwas witziges Lachen, als mich plötzlich ein Krampf im Unterbauch durchzuckte. Was war das, ich weinte und hielt mir den Bauch. Mutti fragte, ganz verstört Mädel was hast du. Ich rannte zur Toilette und da sah ich das Malheur. Blutungen Oh Gott was ist das, die Babys sollten doch erst am 15. 10.1973 zur Welt kommen. Dann ging alles sehr schnell. Mutti zog ihren Mantel an und mein Freund rannte völlig neben sich stehend hin und her. Bis er endlich verstand, das er mich sofort ins Krankenhaus fahren muss. Es war ein Chaos.

Endlich in der Frauenklinik in Neukölln angekommen, wurde ich sofort untersucht. Ultraschall, Blutuntersuchung, C T G. Bei der Untersuchung wurde festgestellt, das der Muttermund sich 6 Wochen zu früh geöffnet hat. Ich weinte, ich hatte starke Wehen Schmerzen, die nicht aufhören wollten. Aber es sollte noch schlimmer kommen. Der einzige Lichtblick an diesem chaotischen Tag, war Mutti-s Geburtstag und das ich zum ersten mal im Ultraschall meine Babys sehen konnte und gleichzeitig er-

Abbildung 2: Frauenklinik Neukölln

fahren habe, das es zwei Mädchen werden. Ich hatte furchtbare
Wehen Schmerzen und Blutungen, war aber froh, das sich meine
Mädchen in meinem Bauch noch wohl fühlten. Ich sollte von
nun ab, strengste Bettruhe einhalten. Ich musste im Krankenhaus bleiben. Die Ärzte gaben mir einen Tropf gegen die Wehen.
Ich wurde am C. T. G Gerät angeschlossen. Um die Herztöne
der Babys zu kontrollieren. Ich jammerte und weinte, Mutti versuchte mich zu beruhigen. Ich stammelte mit zitternder Stimme
– aber es ist noch nicht so weit, sie müssen noch in meinem
Bauch bleiben. Ich habe solche Angst, das meinen Babys etwas
passiert. Man nennt es wohl, Vorahnungen einer Mutter. Das
sich meine große Sorge bald zur Wahrheit werden würde, hätte
ich niemals gedacht. Weil ich den Ärzten und Krankenschwestern vertraut habe. Vor Schmerzen und Übelkeit war ich sehr
müde und wollte nur noch schlafen. Mutti und mein Freund
fuhren erst einmal nachhause und wollten mich am nächsten
Tag sofort wieder besuchen. Das musste ich aushalten, bis sie
wieder bei mir waren. Ich schlief sofort ein, wurde aber sehr
Früh, ohne Rücksicht auf meinen instabilen Zustand aus dem
Bett geschmissen. Guten Morgen, ich bin Schwester Rita, ste-

hen sie auf, ich muss ihr Bett machen. Mit meinem Kreislauf, der völlig im Keller war, stieg ich mit wackligen Beinen aus meinem Krankenbett. Wie geht es ihnen heute. Was für eine Frage am frühen Morgen. Ich dachte, sieht diese Frau, die sich Krankenschwester schimpft nicht wie mies es mir geht. Ich hatte keine Lust auf diese Frage zu antworten und schwieg, dafür kullerten mir Tränen über mein blasses Gesicht. Nun bemerkte sie das es mir schlecht ging. Ihre Reaktion Ach geht es ihnen nicht gut dazu konnte ich überhaupt nichts mehr sagen. Ich fühlte mich sehr einsam. Hier an diesem Ort konnte ich wohl keine Menschlichkeit erwarten. Etwas später bekam ich Frühstück, das ich mir herunter quälte. Am Vormittag kam ein Arzt der Geburtsabteilung zu mir, um mit mir zu sprechen. Mit dem was er mir alles erzählte, konnte ich mit meinen 15 Jahren nichts anfangen. Ich verstand nur OP. Mit etwas sollte mein Muttermund verschlossen werden. Als ich das Wort OP hörte, wurde ich wach und sagte sofort Nein, ich lasse mich nicht operieren. Der Arzt erklärte mir, wenn ich nicht zustimme, würden die Babys 6 Wochen zu früh zur Welt kommen und das wäre ein Risiko. Da ich wollte, das es meinen Kinder in meinem Bauch gut geht, stimmte ich der OP zu. Am 10.09. 1973 war es dann soweit. Früh wurde ich zur OP vorbereitet und dann war es soweit. Ich bekam nicht viel mit, da ich ein Beruhigungsmittel erhalten habe, ich schlief sofort ein. Als ich wieder erwachte, war Mutti bei mir, ich war total froh, das sie da war. Ich wollte mich mit ihr unterhalten, schlief aber sofort wieder ein und wachte erst am nächsten Morgen unter Schmerzen auf. Ich war Mutterseelen alleine in meinem Krankenzimmer und hatte nicht einmal eine andere Patientin mit im Zimmer, mit der ich ein bisschen sprechen konnte. Ich fühlte mich, als ob ich etwas schlimmes verbrochen habe und in Einzelhaft gekommen bin. Niemand vom Krankenhauspersonal beachtete mich. Ich wurde von denen behandelt, als ob ich eine ansteckende Krankheit habe, dabei war ich doch nur wie jede andere Mutter, dieser Geburtsabteilung schwanger.

Die Ärzte redeten auch nur bei der Visite das nötigste mit mir. Wie geht es Ihnen heute. Es war der 11. 09. 1973, die Wehen Schmerzen wollten kein Ende nehmen, schonungslos hämmerten sie auf meinen Bauch ein und meine Babys bewegten sich hin und her, ich fühlte sie wollen auf die Welt. Ich klingelte weinend vor Schmerzen nach der Schwester. Nach 10 Minuten trat eine Krankenschwester in mein Zimmer, was gibt es denn. Ich hätte sie würgen können, so eine blöde Frage zu stellen, ich merkte mich selber vor Schmerzen Kaum noch und sah sie völlig verheult und benommen an. Kleinlaut sagte ich zu ihr, mir geht es überhaupt nicht gut, sehen sie das nicht. Meine Stimme erhob sich genau in diesem Moment und ich schimpfte los. Was soll denn das, meine Kinder wollen auf die Welt, ich bekomme nun seit dem 8. 09. 1973 einen Tropf angeblich gegen die Wehen, davon merke ich bis heute nichts. Und eine OP musste ich auch noch über mich ergehen lassen, schicken sie mir einen Arzt. Die Krankenschwester verließ schweigsam mit einem kurzen Ja mein Krankenzimmer. Ich hatte Schmerzen fühlte mich aber erleichtert, das ich meine Sorgen und Nöte endlich frei heraus gesprochen habe. Ich dachte, ist mir doch egal, von denen hat bis jetzt auch niemand Rücksicht auf mein Befinden genommen. Wenn bloß Mutti zu Besuch kommen würde, ich fühlte mich so ausgeliefert und Alleine, ich war erst 15 Jahre und niemand auf der gesamten Station, nahm Rücksicht auf mich, oder ist behutsam mit mir umgegangen. ich habe mir das so gewünscht, dann wäre einiges leichter für mich geworden. Es waren keine 10 Minuten vergangen, da kam die Schwester mit dem C. T. G in mein Krankenzimmer. Dicht gefolgt von einem Gynäkologen, der sich ein flüchtiges Lächeln in meine Richtung abgezwungen hat. Ich habe diese Situation als sehr unecht empfunden. Warum sind sie denn so aufgeregt, die OP ist doch gut gelaufen, der Muttermund ist wieder dicht verschlossen, eigentlich müssten die Wehen bald aufhören. Wir machen ein C. T. G und schauen, wie es ihren Babys geht. Gesagt getan schon lag ich

26

am Gerät mit meinen staken Wehen Schmerzen, die laut Aussage des Arztes schon weg sein müssten. Na wer es glaubt, dachte ich. Den Babys ging es gut, aber die Wehen wurden immer stärker, was dem Arzt ein Rätsel war. Ich sagte nur zu ihm, das ist Natur und meine Babys wollen auf die Welt. Er schaute mich ungläubig an und sagte, na ein paar Tage müssen sie noch drin bleiben. Ich weinte, fühlte mich nicht verstanden, warum halten die mich hier für blöd, ich habe doch die Kinder in meinem Bauch. Den Arzt und auch die Krankenschwester interessierte nicht wirklich mein seelischer Zustand und mit den Worten, sie müssen noch Geduld haben, verschwanden beide wieder aus dem Krankenzimmer. Ich konnte mich nicht mehr beruhigen. Ich weinte und schluchzte vor mich hin, bis Mutti um 15. 00 endlich in der Tür stand. Um Gottes Willen Mädel, was haben sie dir angetan. Ich, Ich, es fiel mir schwer zu reden, Mutti reichte mir zuerst mal ein Päckchen Tempotücher. Ich schmiss mich in Mutti´s Arme und weinte meinen ganzes Leid von der Seele. Als ich mich langsam beruhigte und ich Mutti´s Güte und Wärme ganz nah bei mir spürte, erzählte ich ihr, was ich erlebt habe und wie schrecklich und kalt die Menschen hier in der Frauenklinik zu mir sind. Ich wollte nur noch nachhause. Mutti tat es in der Seele leid, das ich so leiden musste und versprach mir auf den Weg nachhause, noch mit dem Arzt zu sprechen, wann ich nachhause kann. Sie versprach mir nochmal kurz zu mir zu kommen, falls es etwas wichtiges zu berichten gibt. Als sich Mutti liebevoll von mir verabschiedete, blieb mir nur noch die Hoffnung, das sie mit dem Arzt redet und ich am besten sofort nachhause kann. Es dauerte nicht sehr lange, als Mutti ziemlich aufgeregt nochmals in mein Zimmer zurück kehrte. Was ist passiert Mutti, hast du mit dem Arzt gesprochen. Er hat nur kurz und knapp zu mir gesagt, du musst hier bleiben, bis du entbunden hast. Ich meinte wie bitte, warum denn. Der Arzt hatte keine Zeit und hat mir nur diesen einen Satz mit auf den Weg für dich gegeben. Ich hatte das Gefühl da stimmt was nicht, Mutti sagte, der Arzt war so abweisend zu mir. Ich bejahte Mutti´s Sorge und bestätigte ihr, das die genauso seltsam mit mir umgehen. Wenn ich auf eigene Gefahr das Krankenhaus verlasse. Ich will nachhause, nein meinte Mutti, das Risiko für die Babys und mich wären zu groß. Mutti musste nachhause, versprach mir aber am nächsten Tag wieder zu Besuch zu kommen. Ich fragte sie noch, ob sie Peter gesehen hat, er hatte mich auch seit Tagen nicht mehr besucht. Irgendetwas stimmte nicht, ich hatte ein komisches Gefühl. Ich sollte mich nicht täuschen, es bewahrheitete sich am 15. 09. 1973. An diesem Tag waren die Wehen Schmerzen besonders stark. Meine Babys strampelten, als ob es jeden Moment los geht. Ich schrie nach Arzt und Schwester, das ich es vor Schmerzen nicht mehr aushalte, ich weinte und weinte. Es war furchtbar und die Schmerzen, die ich seit Tagen aushalten musste, habe ich als unmenschlich empfunden. Egal wie ich schrie und weinte, niemand kümmerte sich um mich. Es war so seltsam still auf dem Flur der Station. Irgendwie hörte ich aus einem Zimmer von weitem Stimmen, die immer lauter wurden. Es hörte für mich so an, als wenn sich einige Menschen laut und angeregt unterhielten. Plötzlich war mir so, als ob ich bekannte Stimmen unter den Menschen, die in einem Zimmer auf der Station sich angeregt unterhielten erkannte. Die eine Stimme hörte sich nach Mutti an, wenn sie sich mächtig aufregte, die andere Stimme war mir sehr bekannt und nicht in ihrem dominanten Ton zu überhören. Es hörte sich an, als ob es die Mutter meines Freundes war. Und ich sollte auf dem richtigen Weg mit meiner Vermutung sein. Ich dachte mir nichts böses dabei und freute mich, das ich bekannte Stimmen hörte. Mein erster Gedanke war, schön alle kommen mich heute besuchen. Da überraschte mich die nächste starke Wehe. Ich wartete und wartete, die Zeit verging, ohne das jemand von ihnen zu mir zu Besuch kam. Habe ich mich vielleicht geirrt, habe ich andere Menschen reden hören, die mir nicht bekannt waren. Nein ich hätte es beschwören können, es war Mutti, die ich gehört habe.

Mutti kam mit hochrotem Kopf vor Aufregung in mein Krankenzimmer und war völlig außer sich und durcheinander. Hallo, Mutti kommst du mich besuchen. Mutti schüttelte den Kopf, sagte nichts weiter. Was ist los Mutti, fragte ich. Mutti hatte Tränen in ihren Augen und sie hielt Formulare in der Hand. Erschrocken schaute ich auf ihre Hand, in der sie einen Stapel Formulare festhielt. Was hast du da in deiner Hand. Das sollst du unterschreiben. Ich unterschreibe gar nichts, erwiderte ich ängstlich. Mutti stand völlig neben sich und ich merkte, das irgend etwas in diesem Zimmer auf meiner Station passiert sein muss. Mutti sagte nochmal, du musst aber diese Papiere unterschreiben, hat der Arzt gesagt. Du sollst morgen am 16. 09. 1973 entbinden. In diesem Moment, fiel mir ein Riesen Stein vom Herzen. Endlich, ich kann morgen entbinden und meine Kinder im Arm halten, ich war überglücklich. Vorher fragte ich Mutti noch, was ich unterschreiben muss. Mutti, meinte, der Arzt hat zu mir gesagt, falls du einen Kaiserschnitt bekommst, braucht er deine Einwilligung dafür, um ihn durchführen zu dürfen. Ich hatte nur noch im Kopf, das ich morgen meine Babys im Arm halten werde und trotz sehr starker Wehen schmerzen, war ich froh. Mutti reichte mir den Stapel Formulare, aber ganz plötzlich überfiel mich dieses bedrängende Gefühl und mir wurde übel. Lag es an den starken Wehen, oder wurde hier nichts gutes im Schilde geführt. Ich schaute Mutti an und sagte, aber die wollen mir die Babys nicht wegnehmen, denn dann unterschreibe ich nicht. Nein antwortete Mutti, davon hat der Arzt nichts gesagt. Es geht nur um einen eventuellen Kaiserschnitt. Ich bekam den nächsten Wehen-Schub und wollte nur noch entbinden. Ich litt seit Tagen, unter den stärksten Wehen Schmerzen. Ich fühlte mich müde, genervt und weich gekocht. Ich war bereit, ohne viel zu lesen, alles was meine Mutter mir auf meine Bettdecke legte zu unterschreiben. Ich fragte nichts mehr, außer warum ich einen Packen Formulare, nur für einen eventuellen Kaiserschnitt unterschreiben musste. Ab und zu fiel mir auf, das ich immer wieder, Einverständnis Erklärung unterschreiben sollte. Ich war viel zu schwach, um mich noch aufzuregen, zu meutern, oder zu weinen. Ich fühlte mich kraftlos und allen ausgeliefert. Ich hatte große Angst, die Kontrolle zu verlieren, da ich langsam nicht mehr wusste, wo ich mir die viele Kraft die ich zur Entbindung brauchte, her holen sollte. Unterstützung, hatte ich von den Erwachsenen, nicht zu erwarten, denn die Tage zuvor, war ich auch so gut wie auf mich alleine gestellt gewesen. Meine Mutti hielt zu mir. Sie haben die Ereignisse auch total fertig gemacht. Ich fragte mich, was ist in diesem Zimmer geschehen, das meine Mutter völlig fertig war. Mutti konnte scheinbar nur noch schweigen, ihr fröhliches Lachen waren verstummt. Sie nahm den Stapel unterschriebener Formulare, von meinem Krankenbett zurück in ihre Hand, gab mir einen tröstenden Kuss auf meine Stirn und verschwand auf den Flur der Station. Ich hatte keine Lust mehr zum Nachdenken. Ich war müde und geschafft. Morgen soll ich entbinden, mit diesem Gedanken schlief ich ein. Ein paar Stunden später wachte ich erholter auf und fühlte mich etwas besser. Was war geschehen, so langsam kam mein Denkkasten wieder in Arbeit. Mutti, Formulare, morgen Entbindung warum morgen, warum so schnell auf einmal? Gedanken würfelten durch meinen Kopf, warum war Mutti so fertig. Wieso hat sie mich schweigend und traurig verlassen. Ich war davon überzeugt, irgendetwas war in diesem Zimmer auf der Station passiert und niemand erzählte es mir. Oder kam mir ein Gedanke in den Kopf, darf es mir niemand erzählen. In meinen eigenen Gedanken versunken, öffnete sich ganz plötzlich meine Krankenzimmer Tür. Ich erschrak mich, als die Krankenschwester vor meinem Bett stand. So, sie müssen jetzt zur Untersuchung, bevor sie morgen Entbinden. Ich konnte mich kaum auf den Beinen halten, mein Kreislauf war im Keller und mir war übel, aber ich behielt es für mich, denn mein Zustand interessierte hier niemanden wirklich. Angekommen im Untersuchungszimmer, kletterte ich auf meinen wackligen Beinen auf den Gynäkologischen Untersuchungsstuhl. Ein Arzt betrat das Zimmer und fragte nur so nebenbei, wie fühlen sie sich. Ich schwieg und ließ diese unangenehme Untersuchung mit den eiskalten Instrumenten über mich ergehen. Dann merkte ich, wie etwas in mir aufgeschnitten wurde. Das ist der Faden mit dem wir ihren Muttermund verschlossen haben, aber den brauchen wir nun nicht mehr meinte der Arzt zu mir. Meine Gedanken kreisten schon wieder um diese quälenden Warum Fragen, auf die mir niemand von den Erwachsenen eine Antwort gab. Ich war erst 15 Jahre Ich erwähnte es schon mal, ich war erst 15 Jahre und von diesen Ereignissen, die auf mich einstürzten, fühlte ich mich völlig überrollt. Ich war in diesem Krankenhaus völlig alleine auf mich gestellt. Ich wurde von den Ärzten und Krankenschwestern, wie eine Erwachsene behandelt und war doch noch eine 15 Jährige Jugendliche, die sich große Mühe gab, diese komplizierte Erwachsenenwelt zu verstehen. Kein tröstendes Wort, keine Hand die meine hielt. Einsam und verlassen in dieser Erwachsenenwelt, die mit meiner Welt aus der Sicht einer 15 Jährigen nichts zu tun hatte. Als ich die Gynäkologische Untersuchung endlich hinter mir hatte, war ich sehr froh und ging sofort zurück in mein Krankenzimmer. Ich probierte mich mit lesen abzulenken, aber diese quälenden Warum Fragen kreisten mir durch meine Gedanken, egal wie ich mich auch versuchte abzulenken. Besuche bekam ich am 15. 09. 1973 keinen mehr, was mich sehr unruhig machte und mir aber auch bestätigte, das ich von nun an, hier in diesem Krankenhaus auf mich alleine gestellt sein werde. Ich musste nun besonders gut auf mich und meine Babys aufpassen. Ich blätterte noch ein wenig in meiner Bravo herum und schlief dann gegen 21. 00 Uhr vor Erschöpfung ein. Am 16. 09. 1973 wurde ich um 6. 00 Uhr morgens von der Schwester aus dem Bett geworfen. Aufstehen los, ich muss ihr Bett machen, rief sie laut in mein Ohr. Schlaftrunken hangelte ich mich aus dem Bett und stand mit meinem dicken Babybauch wie ein Häufchen Elend irgendwie herum, bis die

Schwester mein Bett zurecht gerückt hatte. So, nun können sie wieder in ihr Bett und weiter schlafen. Ha, ha, dachte ich, wie denn, wenn man so unfreundlich geweckt wird. Ich war froh, als sie wieder aus meinem Zimmer raus war. Ich döste noch bis zum Frühstück um 8. oo Uhr. Dann ging die Tür auf, niemand brachte mir ein Frühstück, sondern der Arzt stand an meinem Krankenbett. Mit ernster Miene sagte er zu mir, sie dürfen heute nichts essen, denn sie müssen nüchtern bleiben. Warum denn, fragte ich leise. Weil wir sie heute am Mittag zur Entbindung abholen, es ist soweit. Ich wusste nicht, ob ich lachen oder weinen sollte und wo ist meine Mutter und der Vater der Kinder, die sollen dabei sein. Der Arzt schwieg und verließ ohne mir eine Antwort auf meine Fragen zu geben, mein Krankenzimmer. Ich dachte nur, keine Antwort, ist auch eine Antwort. Ich machte mir keinerlei Gedanken, denn Mutti und Peter würden auf jeden Fall bei der Entbindung dabei sein. Ich war glücklich, weil ich genau wusste, das ich ihnen vertrauen konnte und das mich meine Familie nie im Stich lassen würde. So langsam bekam ich Hunger, es war nun schon 17. oo Uhr und ich fragte mich so langsam, ob die mich vergessen haben. Mutti und Peter hatten sich auch nicht bei mir gemeldet. Ich hörte schnelle Schritte über die Station poltern. An meinem Zimmer wurden die Schritte leiser und die Tür wurde geöffnet. Die Krankenschwester trat in mein Zimmer. So, sie müssen sich umziehen. Sie reichte mir ein offenes weißes Nachthemd und streifte mir Thrombose Strümpfe über. Ich sah aus, na schweigen wir lieber. Ich fragte sofort, wo Mutti und Peter sind, sie schwieg. Warum antwortete sie nicht. Ich ließ nicht locker. Hallo, ich habe sie gefragt, ob meine Mutter und der Vater der Kinder schon im Kreißsaal auf mich warten. Sie schaute mich fragend an und schüttelte nur ihren Krankenschwestern Kopf Ich kann es ihnen nicht sagen, denn ich habe noch niemanden gesehen. Na, ja erwiderte ich siegessicher, sie werden schon da sein. Dann ging sie mit mir in das Untersuchungszimmer und verpasste mir einen Einlauf, das muss vor der Entbindung durchgeführt werden meinte sie kurz zu mir. Ich dachte nur an Mutti und Peter und ließ die Dinge, die nötig waren über mich ergehen, wie in den Tagen zuvor, seit dem ich dieses Krankenhaus betreten habe, musste ich von heute auf morgen, erwachsen werden, ich wurde nicht gefragt, aber das sollte nur der banale Anfang von meinem Leidensweg sein. Der Einlauf war ihr wirklich gelungen, denn ich dachte, ich entbinde noch auf der Toilette, solche Krämpfe hatte ich. Als alles aus meinem erschöpften Körper heraus war, gingen die Wehen Schmerzen richtig los. Ich hoffte so sehr das Mutti und Peter vor dem Kreißsaal auf mich warteten – Tränen schossen mir in die Augen und ich fühlte mich jetzt schon völlig kraftlos, wie sollte ich die Entbindung durchstehen, aber das musste ich sicher nicht ohne die Unterstützung meiner Familie durchstehen. Oder nein so grausam können die hier nicht sein ich probierte die negativen Gedanken hinter mich zu lassen und dachte nur noch, das ich bald meine geliebten Babys in den Armen halten würde und dann können wir endlich nachhause und diese schlimmen Tage werden Vergangenheit sein. Es klopfte an der Toiletten Tür – sind sie soweit fragte die Krankenschwester, ich erwiderte gequält ein Ja und trat hinaus auf den Station Flur. So, ich bringe sie jetzt zum Entbindungszimmer. Warum Entbindungszimmer, es heißt doch Kreißsaal, na ja, vielleicht hat sie sich versprochen, aber ich korrigierte sie, wir gehen doch in den Kreißsaal. Die Krankenschwester schwieg und sagte kommen sie, wir müssen hier entlang. Aber, aber der Kreißsaal ist doch auf meiner Station in eine andere Richtung, da war ich doch schon, stammelte ich. Die konnte sich nur irren, vielleicht war sie neu und kannte sich im Krankenhaus nicht aus. Hallo, sprach ich sie nochmal an, das ist der falsche Weg, der Kreißsaal ist in der anderen Richtung. Sie hörte überhaupt nicht auf meine Worte und lief schnellen Schrittes mit mir in ein anderes Haus weiter bis zu einer Treppe. Nur noch die Treppe hoch und dann sind wir schon da. Mir wurde ganz seltsam zu Mute, das war nicht der Kreißsaal, aber mir war dieses Haus bekannt, denn hier hatte ich die OP, wo mir der Muttermund verschlossen wurde. Ich konnte mich sehr gut an die Treppe erinnern, die ich gesehen habe, als ich auf der Liege, aus dem OP geschoben wurde und über die Flure in mein Zimmer gebracht wurde. Ich wurde immer stiller, was war das, wo ist meine Mutter und Peter, sie wollten bei meiner Entbindung dabei sein, hoffentlich ist ihnen nichts passiert. Die Krankenschwester öffnete mir die Tür zu diesem Raum,. Wo ich entbinden sollte und verschwand wieder, die Tür fiel hinter mir ins Schloss. Eine ältere Krankenschwester, die recht freundlich war, schaute auf meinen Wehen aufgeblähten Bauch und sagte kurz. Na ist schon soweit ich lächelte sie an und sagte stolz Ja, ich bekomme Zwillinge. Da sie der einzige Lichtblick war, denn sie war freundlich zu mir, fragte ich sofort, wo denn meine Mutti ist. Sie schaute mich an und sagte, keine Sorge, ihre Familie wird bestimmt gleich kommen, inzwischen war es 18. 30. Dann meinte sie ich sollte unten herum alles ablegen und dann mitkommen. Ich tat, völlig verängstigt hinter der weißen Abschirmung, was von mir verlangt wurde und lief wie zum Schafott geführt, hinter der älteren Krankenschwester her. Hinter der nächsten weißen Abschirmung hielt sie an und sagte, so nun klettern sie mal auf den Frauenarzt Stuhl. Ich tat, was sie von mir verlangte. Plötzlich geschah das unfassbare, sie legte mir die brauen Lederriemen um meine dürren Beine und schnallte mich fest. Ich wimmerte leise und weinte Mama, Mutti, wo ist meine Mutti. Mutti wo bist du. Bitte lasse mich nicht alleine bitte. Ich kam mir vor wie Schlachtvieh, festgeschnallt und wehrlos, was sollte hier mit mir passieren und was tun die vielleicht meinen Babys an ich betete - bitte lieber Gott, lass mich nicht alleine, ich habe solche Angst. Ich merkte, wie meine Tränen, auf mein erhitztes Gesicht liefen und wollte nur noch schreien. Ich hatte Todesangst, ich dachte ich muss hier sterben. Ich stammelte – Mutti hilf mir, ich will nicht sterben, aber niemand schien mich zu hören. Alles um mich herum war gespenstisch und machte mit furchtbare Angst. Ich hörte neben mir 2 verschiedene Männerstimmen. Ich sah nur eine Hand die mir Etwas, neben den Stuhl auf dem ich festgeschnallt lag, auf den Rolltisch neben mir legte. Dann hörte ich, wie der Eine zu mir sagte, wenn die Wehen Schmerzen zu schlimm werden, dann nehmen sie Lachgas. Von da ab, hat sich niemand mehr um mich gekümmert, ich lag ausgeliefert, wie ein Stück Fleisch festgeschnallt auf einem Frauenarzt Stuhl in irgend einem Raum in der Frauenklinik. Vorsichtig schaute ich zur Seite auf den kleinen Rolltisch direkt neben mir. Dort lag eine Äther Maske, diese war mir aus dem OP noch bekannt. Die große Uhr an der Wand zeigte 21. 00 Uhr und niemand war an meiner Seite, ich war Alleine. Ich musste mich beruhigen, ich musste auf meine Babys aufpassen und ich durfte nicht vom Äther einschlafen. Ich wollte nicht sterben und ich wollte meine Babys nach der Entbindung in meinem Arm halten. Ich redete mir ein, das Mutti keine Zeit hatte, aber sofort nach der Entbindung vor diesem Raum hier im Krankenhaus, mit Peter auf mich warten würde und genau dieser Gedanke gab mir Kraft, nicht durchzudrehen. Ich konzentrierte mich auf jede Wehe und wenn es zu schlimm wurde, atmete ich etwas Äther ein, aber nur soviel, das ich nicht davon einschlief. Plötzlich hörte ich wieder eine der Männerstimmen und tat so, als ob ich schlief, hörte aber genau zu, was sie redeten. Plötzlich merkte ich, wie ich untersucht wurde und hörte, wie er sagte, es ist gleich soweit. Kaum gesagt, merkte ich, wie mein erstes Mädchen geboren wurde. Es schrie sehr kläglich und ich hörte, wie der Mann sagte, das wird wohl nichts. Der zweite Mann nahm meine Tochter mit. Ca. 5 Minuten später wurde meine zweite Tochter geboren. Nach kurzer Anlaufzeit, einem Klaps auf ihren Po, den ich hörte, schrie sie kräftig los. Ich stellte mich schlafend, registrierte aber genau, was um mich herum passierte. Dann sagte der eine Mann zum Anderen, schläft sie. Ich wollte nur noch meine Kinder in den Arm nehmen und war glücklich die Entbindung ohne Kaiserschnitt überstanden zu haben. Ich wollte die Äther Maske vom Gesicht nehmen, als plötzlich eine riesige Männerhand mir brutal, die Maske auf mein schmales Gesicht drückte. Ich versuchte zu schreien und die Hand abzuwehren oder die Maske runter zu reißen, aber ich hatte keine Chance. Immer fester drückte die riesige Männerhand mir diese schwarze Maske auf mein kindliches Gesicht und drehte die Flasche des Narkosemittels noch stärker auf, so das ich einschlafen musste. Es gingen alle Lichter aus, von da ab, weiß ich überhaupt nichts mehr. Das letzte mal hatte ich um 22. 00 Uhr auf die große Uhr in diesem Raum gesehen und dann wurde alles schwarz um mich herum. Benommen wachte ich in diesem fremden Raum auf und fand mich auf einem weißem Tuch einer Liege wieder. Mein erster Gedanke bin ich Tot. Langsam kam ich zu mir und ließ meine Augen durch den Raum kreisen. Ich suchte verzweifelt nach meinen Kindern, wo sind meine Baby/s, wo bin ich überhaupt. Mein Blick fiel plötzlich auf die große Uhr in dem Raum sie zeigte 0.30 an. Es war Menschenleer. Was ich war zwischen 22. 00 Uhr und 0.30 passiert? Was haben die mit mir gemacht. Es war gespenstisch still, ich kam mir vor wie in einem Horror Film. Alles in diesem Raum, sah völlig verändert aus. Die weißen Abschirmwände waren weg und alle Gegenstände waren mit weißen Tüchern abgedeckt. Ich hörte Schritte an der Tür. Hallo, es war eine freundliche Stimme. Endlich sind sie wach, ich dachte schon sie wachen nie mehr auf. Ich bin die Nachtschwester. Sofort wurde ich wacher fragte sie sofort nach meinen Mädchen und ob ich sie sofort sehen kann. Ich glaubte immer noch an das Gute im Menschen. Die Nachtschwester lächelte mich warmherzig an und ich fühlte, wie leid ich ihr tat. Sie bemühte sich mir irgend etwas von den Mädchen zu erzählen, brach das Gespräch mit mir aber dann plötzlich abrupt ab und meinte, fragen sie morgen einen Arzt, oder die Oberschwester. Ich bringe sie jetzt in ihr Zimmer, sie müssen sich ausruhen. Ich war sehr froh, das ich noch am Leben war und schlief völlig benommen und traurig ein. Ich wollte sofort, wenn ich aufwache den Arzt fragen, wo meine Mädchen sind und ob ich sie sehen kann. Ich wachte am 17. 09. 1973 am Vormittag mit Kreislauf Problemen auf und tapste aus dem Bett, getrieben von der Sehnsucht endlich meine Babys in die Arme nehmen zu dürfen. Auf der Station war es sehr ruhig und ich lief langsam zum Sprechzimmer des Arztes. Als ich davor stand, klopfte mein Herz bis in den Hals vor Aufregung, ich klopfte an. Ich drückte die Klinke herunter abgeschlossen. Niemand da na toll. Ich lief kraftlos zum Schwesternzimmer, fragte, wo sind meine Babys. Die Schwester sagte zu mir, gehen sie zur Oberschwester, sie ist gerade in einem anderen Zimmer. Ich lief so schnell, ich konnte, denn ich hatte ja erst am 16. 09. 1973 entbunden, den Flur der Station entlang und rief laut nach der Oberschwester. Am anderen Ende des Flures stand die Oberschwester und unterhielt sich seelenruhig mit einer Krankenschwester. Als ich vor ihr stand, zuckte sie zusammen. Sind sie die Oberschwester der Station Ja und wer sind sie. Ich war völlig aufgeregt, schnappte nach Luft, ich habe gestern entbunden und meine Kinder sind verschwunden. Die Oberschwester lief rot an und lief aufgeregt ins Schwesternzimmer zum Telefon. Dann hörte ich sie nur sagen, ja ist gut, ich sage es ihr so. Sie wurde auf einmal ziemlich unfreundlich zu mir und herrschte mich an, fragen sie nachher den Arzt. Dann drehte sich sich von mir weg und lief wieder los. Ich verstand, die Welt nicht mehr. Ich lief ihr bettelnd und weinend hinter her. Bitte sagen sie mir, wo ich meine Babys finde, sind sie auf der Kinder Station, wo sind sie. Sie sind mir gestohlen worden und sie wollen es mir nur nicht sagen. Ich lief und Lief weinte und schrie nach meinen Kindern, niemand schien mich wiedermal zu hören. Die Oberschwester wurde auf dem endlos langen Flur immer schneller und rannte regelrecht vor mir davon und wiederholte immer wieder den selben Satz, fragen sie den Arzt. Ich gab erst einmal auf, denn ich merkte, das ich von dieser Frau überhaupt nichts über den Verbleib meiner Kinder erfahren werde. Ich war schon schlapp und müde.

Ich wollte jetzt nicht aufgeben, ich musste meine Kinder finden. Gedanken kreisen in meinem Kopf. Wo sind meine Kinder Wie geht es Ihnen sie müssen Hunger haben. Sie brauchen doch ihre Mutti und ihre Familie. Vielleicht haben die Männer in diesem Raum, meine Babys getötet, als sie mich betäubt haben und ich sie nicht mehr beschützen konnte. Oder hat Mutti und Peter sie schon nachhause geholt und mich hier vergessen. Wo ist Mutti und Peter, denen werde ich alles erzählen, wie unmenschlich die mich hier behandelt haben, dann bekommen die hier richtig Ärger. Bestimmt haben die hier Mutti und Peter nicht Bescheid gesagt, das ich am 16. 09. 1973 entbinde. Was war die Wahrheit und was ist wirklich mit meinen Babys geschehen. Ich gehe sofort nochmal schauen, ob der Arzt jetzt im Zimmer ist, wie mir es mir die Oberschwester sagte. Mein Herz raste wieder, als ich vor der Tür des Arztes stand. Ich klopfte zaghaft an die Tür, so das es scheinbar niemand im Raum hörte. Dann nahm ich allen Mut zusammen und klopfte lauter. Ich hörte ein Ja in dem Zimmer und öffnete mit klopfenden Herzen die Tür. Guten Tag, sind sie Ärztin. Nein, der Arzt kommt erst später, kommen sie in einer Stunde nochmal wieder. Ich war mit meiner Kraft am Ende und weinte. Meine Tränen liefen über mein kindliches Gesicht und ich schluchzte vor mich hin. Beruhigen sie sich, was ist denn los. Es platzte aus mir heraus. Ich habe gestern entbunden und Männer haben mich betäubt und dann als ich schlief meine Kinder gestohlen. Ich suche meine Kinder, bitte helfen sie mir?! Die junge Frau stand Fassungslos mit Tränen in den Augen da und sagte mir, das sie sich erst in der Ausbildung befindet und ich, das was ich ihr erzählt habe, nochmal dem Arzt in einer Stunde erzählen sollte. Das wollte ich auf keinen Fall!Denn mir wurde bewusst, das irgend etwas furchtbares passiert ist, von dem ich nichts wissen sollte und worüber mir auch niemand Auskunft geben will. Ich dachte, wenn meine Kinder entführt worden wären, dann würde das Krankenhaus Personal nicht so cool reagieren. Dann wäre die Polizei vor Ort und würde meine Babys suchen. Es ist irgend etwas anderes geschehen, aber das werde ich niemals in diesem Krankenhaus erfahren. Ich wischte mir meine Tränen fort und bat die Schwester mir meinen Mutterpass zu geben. Sie schaute mich besorgt an und meinte, eigentlich darf ihnen nur der Arzt den Mutterpass aushändigen. Wieder liefen mir die Tränen, bitte ich brauche doch meinen Mutterpass. Nicht weinen, bitte beruhigen sie sich, ich schaue mal nach, ob ich ihren Mutterpass finde. Komisch, auf dem Schreibtisch ist er nicht zu finden. Auf dem Schreibtisch lag ein Stapel Akten, den, die Schwester mit dem Aktenvernichter, der sich auf dem Schreibtisch befand entsorgen sollte. Sie schaute unter dem Aktenstapel nach. Zuletzt, hatte sie meinen Mutterpass in der Hand. Ist ja wirklich sehr komisch, was ist das denn. Sind sie, die Schwester nannte meinen Namen, der in dem Mutterpass stand, der vernichtet werden sollte. Sie war völlig durcheinander und sagte, warum finde ich ihn unter den zu vernichtenden Akten, das verstehe ich überhaupt nicht. In diesem Moment verstand die Schwester der Neuköllner Frauenklinik in welcher ausweglosen Lage ich mich befand und schaltete schnell, bevor der Arzt das Zimmer betrat. Hier nehmen sie ihren Mutterpass und dann gehen sie, sagen sie niemanden, das ich ihnen den Mutterpass ausgehändigt habe, sonst könnte ich meine Arbeitsstelle verlieren - Alles Gute. Ich nahm dankbar den Mutterpass an mich, versteckte ihn unter meinem Pullover, bedankte mich herzlich bei ihr und lief so schnell ich konnte in mein Zimmer. Ich versteckte den Mutterpass in meiner Tasche und redete mit niemanden darüber. Auf dem Weg zu meinem Zimmer, kam mir der Arzt entgegen, der gerade auf dem Weg in sein Sprechzimmer war. Ich wollte nur noch nachhause, meine Kinder finden und mit diesem Alptraum den ich hier in der Frauenklinik erlebt habe, irgendwie klarkommen. Am 21. 09. 1973 wurde ich entlassen. Niemand redete mit mir über den Verbleib meiner Kinder. Sie taten so, als hätte ich dort nie entbunden. Es wurde auch nicht über das verschwinden meines Mutterpasses geredet, einfach totgeschwiegen. Genauso wie diese heimliche Entbindung in einem Raum dieser Frauenklinik. Mutti holte mich am 21. 09. 1973 aus der Frauenklinik ab. Wir schwiegen uns an. Ich wollte sie so viel fragen, aber die Stimmung war bedrückend. Ich kuschelte mich an den Arm, meiner Mutti. Das vermittelte mir schon als kleines Kind Schutz und Geborgenheit. Mutti streichelte mir über meinen Kopf und sagte mein armes Püppchen. Ich wollte erst einmal nachhause und dann mit Mutti reden, aber nicht heute. Ich musste erst einmal neue Kraft sammeln. Die Fahrt mit der U-Bahn verlief zwischen meiner Mutter und mir sehr schweigsam. Die gesamte Fahrtzeit kreiste mir durch den Kopf, was war wirklich mit meinen Babys passiert, warum wollten die meinen Mutterpass vernichten. Warum redet niemand über meine Babys mit mir. Ich habe ein Recht darauf, ich habe sie geboren. Mein Gott, ich kämpfte mit den Tränen, wo sind sie und wie geht es Ihnen. Ich bin doch ihre Mutti, sie brauchen mich. Mitten in meinen Gedanken versunken, rief der Bahnbeamte U-Bahnhof Rudow. Ich erschrak, war aber froh, endlich wieder zuhause zu sein. Mutti sah blass und völlig genervt aus. Um dieses Endlose Schweigen zu unterbrechen, fragte ich Mutti, wie geht es dir. Endlich unterbrach Mutti ihr Schweigen und antwortete, nicht so gut mein Kind. Ich konnte nicht mehr meinen Mund halten und auf einmal prasselte das Erlebte aus mir heraus. Ich überschüttete Mutti innerhalb von 5 Minuten mit Fragen über Fragen. Ich bemerkte, das Mutti tief Luft holte, auf meine Frage, wo sind meine Babys. Warum war niemand von Euch bei der Entbindung dabei. Mutti versuchte mich zu beruhigen, mache dir keine Sorgen, wir reden zuhause darüber, nicht hier und jetzt auf der Straße. Ich war völlig außer mir Mutti es geht hier um meine Kinder und ich will wissen, wo meine Kinder sind ich will sie sofort nachhause holen. Mutti blieb konsequent und schwieg den Rest des Weges. Zuhause angekommen, begrüßte ich meinen Vater und bombardierte Mutti sofort wieder mit den selben Fragen. Sie schaute mich sehr ernst an und meinte zu mir. Die Ärzte im Krankenhaus haben mir, als ich am 16. 09. 1973 im Krankenhaus angerufen habe, gesagt, es braucht niemand bei deiner Entbindung dabei sein, sie werden sich um dich kümmern. Ich dachte, das darf nicht wahr sein, Mutti, ich schluchzte und weinte, die haben dich angelogen, die haben mich wie ein Schwein behandelt, es war grausam und menschenunwürdig. Mutti stockte ihr Atem, was haben die mit dir im Krankenhaus angestellt. Und dann brach alles aus mir heraus und ich erzählte meiner Mutter alles, was mir in diesem Krankenhaus geschehen war. Mutti liefen die Tränen, sie nahm mich ganz fest in ihren Arm, mein armes Kind, was haben sie dir angetan. Ich schrie es laut heraus, wo sind meine Kinder. Mutti erzählte mir, das sie am 16. 09. 1973 um 22. 30 im Krankenhaus angerufen hat, um zu fragen, wie es mir und den Babys geht und ihr von einer Schwester gesagt wurde, das ein Mädchen verstorben sei. Was ist mit dem zweiten Mädchen, sie hat ganz kräftig geschrien und dann habe ich nichts mehr mitbekommen, da ich mit aller Gewalt betäubt wurde. Mutti antwortete, darüber hat die Schwester überhaupt nicht gesprochen. Ich sagte nur, die Lügen, erzählte aber nicht vom Mutterpass, den mir die Schwester heimlich ausgehändigt hatte. An dieser Stelle beendeten wir das Gespräch, das es für Mutti und Mich sehr belastend war. Bevor ich mich in mein Zimmer zurück zog, sagte ich noch, ich werde meine Kinder suchen und finden, auch wenn es, mein ganzes Leben dauert, leider sollte ich mit meiner Vorahnung recht behalten. Ich wusste nicht, was ich Peter erzählen sollte, also sagte ich ihm, die Babys sind verstorben. Die intensive Suche nach meinen Mädchen beginnt 1975 Peter war sehr traurig, akzeptierte aber, ohne viel Nachzufragen, was ich ihm erzählte und wir bemühten uns von da ab, wieder ein einigermaßen normales Leben zu führen. Peters Eltern hingegen, schienen mir erleichtert zu sein, was ich als sehr schlimm empfand und mir sehr weh tat, aber das Leben musste für uns alle weitergehen. Es war für mich schwer mehr zu wissen, als alle Beteiligen und dazu zu schweigen, aber ich fühlte das ich niemanden darüber erzählen dufte, was ich heimlich versteckte und hütete wie meinen Augapfel. Der versteckte Mutterpass war der einzige Beweis dafür, das meine Schwangerschaft existiert hat und das ich am 16. 09. 1973 meine Zwillinge, geboren habe. Mich belastete es sehr, das ich Peter und Mutti anlügen musste, um mein Geheimnis zu schützen. Ich hatte seit dem mir die Schwester, den Mutterpass ausgehändigt hatte, nie wieder den Mutterpass in die Hand genommen. Ich hatte ihn nach dem Krankenhausaufenthalt in meiner Schatzkiste in meinem abschließbarem Tagebuch versteckt. Da fühlte ich das mein gehütetes Geheimnis sicher aufgehoben ist, bis der Tag X kam. Der Tag X war der Tag im April 1974, als ich am Morgen aufwachte und mir übel war. Peter kam an den Tisch zum Frühstück und sah mich mitleidig an. Wie siehst du denn aus, so bleich im Gesicht. Ich muss gestern etwas falsches gegessen haben, mir ist übel. Wir haben doch das selbe gegessen, aber mir geht es gut, ach lass mich einfach in Ruhe, ich habe schlechte Laune. Bist du schwanger, grinste er mich von der gegenüber liegenden Seite des Tisches an. Jetzt höre auf, reagierte ich erbost falls es dir entgangen ist, ich nehme die Pille. Vielleicht hast du die Pille vergessen, wo wir auf der Fete waren. Da habe ich sie sofort am nächsten Morgen genommen. Und jetzt lasse mich endlich damit zufrieden, du Nervensäge. Komm, wir gehen gleich einkaufen, dann kommen wir auf andere Gedanken. In den nächsten Tagen, wurde die Übelkeit schlimmer und so langsam zweifelte ich auch. Ob das eine Mal Pille später nehmen eventuell doch zu einer Schwangerschaft geführt hat. Nein, sollte ich das selbe wieder erleben. Ich bin doch erst 16 Jahre und die erste Schwangerschaft ist doch erst ein Jahr her. Das kann nicht sein, ich habe regelmäßig meine Periode bekommen. Ach es kommt bestimmt vom Stress, so tat ich meine morgendliche Übelkeit ab. Gegen Ende April ging ich zum Frauenarzt, der mir die freudige Botschaft eröffnete, sie sind im 3 Monat schwanger. Nein, das kann nicht sein, ich habe die Pille genommen und nur einmal vergessen, sie aber sofort am nächsten Morgen eingenommen. Wollen sie, das Kind nicht haben, fragte der Frauenarzt skeptisch nach. Ja, nein, ich muss das ganze erst mit meinem Freund besprechen. Gut dann gebe ich Ihnen einen neuen Termin und sie bringen das nächste mal ihren alten Mutterpass mit. Ich war völlig überfordert und verabschiedete mich wie fremdgesteuert, dann bis zum Nächsten mal Tschüs. Ich stand im Hausflur der Frauenarzt Praxis und fing an zu zittern, meine Hände waren eiskalt. Die Erinnerungen stürzten plötzlich auf mich ein wieder schwanger, ich war doch erst vor einem Jahr schwanger. Meine seelischen Wunden waren noch nicht verheilt und in welchem Krankenhaus sollte ich entbinden ich vertraue keinem Krankenhaus Personal mehr. Die nehmen mir mein Kind doch wieder weg, ich bin nur ein Jahr älter, als bei der letzten Schwangerschaft. Ich muss nachhause, mit Peter reden. Peter war in der zwischen Zeit zu mir und meinen Eltern gezogen. Wir waren schon 2 Jahre zusammen. Was würde er sagen, wenn er heute erfährt, das ich schon wieder schwanger bin. Ich betrat völlig geknickt und nervös unsere Wohnung. Ob mein Schatz schon auf mich wartete, hoffentlich ist er noch nicht zuhause. Ich lief leise an unsere Zimmer Tür und lauschte, es war ruhig im Zimmer. Leise drückte ich die Türklinke herunter und schaute durch einen Schlitz der Tür. Dort sah ich, wie er schlafend auf der Couch lag. Zum Glück, er schläft, dann werde ich ihn nicht wecken. Gegen 17. 00 Uhr kam meine Mutter von der Arbeit. Mutti hatte kaum den Mantel ausgezogen, zog ich sie in die Küche. Mutti, ich muss die dringend etwas sagen. Was ist denn, hast du Mist gebaut, oder ist dir etwas zerbrochen. Nein, ich war heute beim Frauenarzt. Und ist es was schlimmes, du nimmst doch die Pille. Ja, ich habe auch jeden Monat meine Periode gehabt. Na, dann ist doch alles Gut, oder. Ich bin im 3 Monat schwanger wie sagte Mutti um Gotteswillen Mädel jetzt geht alles wieder von vorne los. Was meinte Mutti, mit den Worten, jetzt geht alles wieder von

vorne los. Ich werde alles mit meinem Schatz besprechen, wenn
er wieder aufwacht plötzlich stand er hinter mir und tippte mir
von hinten auf die Schulter. Man, musst du mich so erschre-
cken, er grinste mich schelmisch an, was ist denn nun wieder
los. Ich dachte, du warst vorhin bei deinem Frauenarzt. War ich
auch, antwortete ich schnippisch und was spricht er. Was wohl.
Gute Arbeit mein Herr, ich bin schon wieder schwanger. Du
hast doch die Pille genommen. Ja, das ist mir klar, aber der Arzt
hat gesagt, ich bin schon im 3 Monat schwanger. Mein Freund
wurde sehr ruhig und sein schelmisches Grinsen im Gesicht verschwand sofort. Er bekam Tränen in seine Augen – und was ist,
wenn das Kind wieder stirbt. In diesem Moment sah ich, was
ich mit meiner Notlüge angerichtet habe und wie sehr er unter
dem Verlust seiner beiden Mädchen litt. Wenn ich es ihm nur
sagen könnte, das die Hoffnung besteht, das beide Mädchen leben und die uns im Krankenhaus belogen haben. Ich nahm ihn
in meine Arme und schwieg, ich durfte mein Geheimnis nicht
verraten. Wenn ich genug Beweise gesammelt habe, das unsere
Mädchen am Leben sind, werde ich ihm alles erzählen und hoffen, das er mir diese Notlüge verzeiht. Wir gingen gemeinsam
Arm in Arm in unser Zimmer, kuschelten zusammen auf der
Couch und hörten leise Musik. Der nächste Termin zum Frauenarzt war im Mai 1974. Nun musste ich den Mutterpass, den
ich ein Jahr versteckt und gehütet hatte, aus meiner Schatzkiste
holen. Zum ersten mal seit 1973 sah ich hinein. das erste das mir
an meinem Mutterpass aufgefallen ist, er war sehr dünn. Langsam, voller Anspannung öffnete ich die erste Seite. Dort standen
die Ergebnisse meiner Blutuntersuchung von meiner Schwangerschaft 1973. Dann blätterte ich weiter. Mir fiel auf, das einige
Seiten im Mutterpass fehlten. Ich schaute mir das ganze sehr
genau an. Ich traute meinen Augen nicht, es fehlte die gesamte
Schwangerschaft meiner Zwillinge. Das kann doch nicht sein,
dachte ich, wo ist meine Schwangerschaft, ich war doch regelmäßig zu allen Vorsorgeuntersuchungen. So oft ich die Seiten

auch kontrollierte, die gesamte Schwangerschaft, der Zwillinge wurde fein säuberlich aus meinem Mutterpass getrennt. Was haben die getan, ich weinte, ich konnte nicht glauben, was ich da sah. Es wurden die Geburtsgewichte beider Kinder falsch eingetragen und irgend jemand hatte scheinbar später, die Geburtsgewichte beider Kinder verändert und eine 2 in Altdeutsche davor geschrieben. Ich verstand überhaupt nichts mehr. Was haben diese Unmenschen meinen Kindern und uns angetan. Ich wollte die Wahrheit wissen und nahm mir ganz fest vor, spätestens, wenn unser Kind auf der Welt ist, mit der intensiven Suche anzufangen. Ich brauchte nun erst einmal für meine Schwangerschaft, die ganze Kraft, die mir zur Verfügung stand. Ich wusste, das ich für die Suche meiner Zwillinge, sehr viel, Energie brauchen werde. Meine Schwangerschaft und Geburt wurde in der Frauenklinik sauber vertuscht. Schwangerschaft und die Geburt meiner Babys sollten im Aktenvernichter landen. Ich sollte ausgelöscht werden. Jetzt kamen die schwarzen Gedanken, als ich diese Sauerei sah, was die mir angetan haben. Diese herzlosen Leute, haben eine ganze Familie auseinander gerissen. Ohne Rücksicht auf Verluste. Wir roh und gemein muss man sein, um kleine unschuldige Babys ihrer Mutter zu entreißen. Ich glaube, diese Menschen haben da wo andere ein Herz haben, einen Stein zu sitzen. Mir wurde nun immer bewusster, das mir meine Kinder bewusst von den Erwachsenen entzogen wurden. Das endlose Gespräch, das ich hörte, in dem Zimmer der Station der Frauenklinik. Den Stapel Formulare, wo ich die Einverständniserklärung unter falschem Vorwand unterschreiben sollte. Auch das niemand von meiner Familie bei der Entbindung dabei sein durfte. Der Kaiserschnitt war der falsche Vorwand, um das ich die Formulare unterschreibe. Mir war, als ob sich ein Vorhang des Grauens endlich lüftete und plötzlich passten alle Gefühle und unerklärlichen Geschehnisse, wie ein Puzzle zusammen. Ich ärgerte mich über mich selber, das ich erst wieder schwanger werden musste, um die Kraft zu finden, mir den alten Mutterpass genauer anzusehen. Danach war ich darüber froh und Erleichtert endlich hatte ich die Gewissheit, das wenigstens ein Kind noch lebt. Ich muss die Wahrheit finden, vielleicht leben auch noch beide Mädchen. Diese Ungewissheit quälte mich. Aber zu Mutti hat die Krankenschwester gesagt, das ein Mädchen verstorben ist, aber nachdem, was ich in meinem Mutterpass gelesen habe, glaubte ich überhaupt nichts mehr. Ich will es selbst herausfinden. Ich ging im Mai 1974 zu meinem Frauenarzt und gab ihm meinen alten Mutterpass, er schaute hinein und dann fragte er mich, ob ich bei meiner Geburt 1973 einen Kaiserschnitt bekommen habe. Ich schaute ihn völlig durcheinander an, nein, warum fragen sie mich danach. Ja, sagte er und hielt meinen Mutterpass in seinen Händen hier ist angekreuzt in ihrem Mutterpass Sektion, das heißt Kaiserschnitt. Ich musste nun selber herausfinden, was Wahrheit, oder Lüge in meinem Mutterpass war. Mir war bewusst, das wird ein langer Weg durch die Finsternis. Mein Sohn sollte im Dezember 1974 geboren werden. Mein Freund und ich freuten uns sehr auf die Geburt unseres Kindes. Meine Mutter war voller Sorge und drängelte uns, endlich zu heiraten. Warum, fragte ich meine Mutti, ich will noch nicht heiraten, ich bin erst 16 und fühle mich noch viel zu jung, um zu heiraten. Mutti schaute mich besorgt, aber konsequent an und dann verriet sie etwas, was sie mir niemals sagen durfte. Ihr müsst heiraten, verstehst du mich, oder willst du, das sie dir das Kind wieder weg nehmen. Wieso weg nehmen, was meinst du damit Mutti. Bitte höre auf mich Kind, ich meine es doch nur gut, sonst bist du wieder traurig. Ich dachte, ich habe mich also doch nicht geirrt, es kamen immer mehr Puzzle Teile dazu. Nun wurde mir immer mehr bewusst, das wenigstens eines meiner Mädchen noch leben musste. Ich redete mit Peter und versuchte ihm klar zu machen, das wenn wir nicht heiraten, uns unser Sohn vom Jugendamt entzogen wird. Das wollte er natürlich nicht und wir haben am 15. 10.1974 geheiratet. Im Dezember 1974 kam mein Sohn im Martin Luther

Krankenhaus gesund zur Welt. Da ich eine kurze Narkose in den Presswehen bekommen habe, schrie ich danach sofort gebt mir meinen Sohn. Die Hebammen verstanden meine Panik nicht und waren verunsichert über meine Reaktion. Sie sagten, keine Panik, hier ist ihr Sohn und legten mir meinen kleinen Prinzen in den Arm. Ich weinte vor Glück. Wir wohnten noch bis 1975 mit unserem Sohn bei meinen Eltern und bezogen dann eine 3 Zimmer Wohnung in Berlin Rudow/Neukölln, gegenüber eines Einkaufszentrums, nicht weit von meinem Elternhaus. 1975 war unser Sohn ein Jahr alt und die Sehnsucht nach meinen Mädchen wurde immer stärker. Ich wünschte mir so sehr, das mein Sohn, gemeinsam mit seinen Schwestern aufwachsen könnte, oder wenigstens mit einer Schwester. Ich wusste immer noch nicht ob Eine, oder beide Mädchen irgendwo bei fremden Menschen lebten. Diese Ungewissheit zehrte an meinen Nerven und manchmal war ich dadurch zu meinem kleinen Sohn ungerecht und nervös. Der Kleine wusste nicht, was seine Mama ein Jahr zuvor grausames erleben musste. Und es war gut so. Mit meinen 17 Jahren, versuchte ich meinem kleinen Sohn, auch mit meinen enormen Belastungen, mit der Suche seiner Schwestern, eine gute Mutter zu sein. 1975 suchte ich intensiv nach meinen Babys zu suchen. Ich tappte von ein Behördliches Lügennetz in das Nächste. Mein erster Weg führte mich zum Standesamt meines Wohnortes in Neukölln. In der Tasche hatte ich meinen Schatz verborgen, das einzige, was mir von meinen Zwillingen, zum Beweis geblieben ist Meinen Mutterpass. Meine Hände zitterten und meine Beine wackelten was werde ich hier erfahren, oder werde ich überhaupt etwas über den Verbleib meiner Kinder erfahren Ich nahm allen Mut zusammen und klopfte zaghaft und ängstlich an der Behörden Tür, wo geschrieben stand Sterberegister.

Ja, bitte bat mich eine Mitarbeiterin zur Tür herein. Ich öffnete vorsichtig die Tür, mein Herz klopfte vor Aufregung was kann ich für sie tun. Ich stammelte los Ja, ich habe am 16. 09.

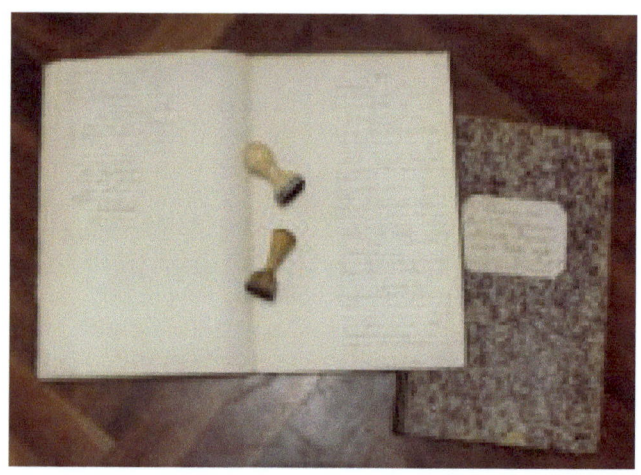

Abbildung 3: Geburtenregister auf dem Standesamt

1973 Zwillinge 2 Mädchen, in der Frauenklinik Neukölln geboren. Wissen sie vielleicht noch die Uhrzeit, der Geburt, fragte mich die Mitarbeiterin. Ich wurde unter Narkose gesetzt und kann Ihnen nur die ungefähre Zeit nennen es war gegen 22. 00 Uhr. Ich wollte wissen, ob meine Kinder nach der Geburt verstorben sind. Die Mitarbeiterin schaute mich skeptisch an und sah aus, als ob sie mir nicht so wirklich glauben würde. Ich wollte ihr auf keinen Fall, die gesamte Geschichte erzählen, auch den Mutterpass wollte ich ihr nicht zeigen. Ich probierte es, ohne Beweise vorlegen zu müssen. Nach dem ganzen Geschehen, was ich in der Frauenklinik erleben musste, war Vorsicht angesagt, es durfte nicht herauskommen, das ich meine Kinder suchte. Sie fragte nicht weiter nach und schaute alle gemeldeten Geburten und Sterbefälle vom 16. 09. 1973 aus der Frauenklinik in Neukölln in ihren Unterlagen nach. Sie schaute mich nachdenklich an und fragte haben die Kinder geschrien, nachdem sie geboren waren. Ja, antwortete ich, das erste Mädchen etwas leiser,

48

aber das zweite Mädchen hat ganz laut und kräftig geschrien. Es ist wirklich seltsam, es ist hier keine Geburt oder Sterbefall am 16. 09. 1973 aus der Frauenklinik in Neukölln gemeldet worden. Das Geburtsdatum ist sicher. Ja das Geburtsdatum stimmt genau. Dann schaute sie mir in meine Augen und sagte: Wenn das Kind einen Schrei von sich gegeben hat und danach z. B verstorben ist, muss das Krankenhaus dieses bei uns anzeigen, warum ist das in ihrem Fall nicht geschehen?!Das Krankenhaus, hat weder eine Geburt noch einen Sterbefall von ihren Kindern angezeigt. Als ich merkte, das die Mitarbeiterin, es ehrlich mit mir meint und ihr meine Situation leid tat, nahm ich meinen Mutterpass aus meiner Tasche und zeigte ihr, die Geburt meiner Zwillinge. Sie schaute sich die Geburtsdaten meiner Mädchen an und meinte, stimmt, was sie mir erzählt haben, aber es wurde weder das eine noch das andere vom Krankenhaus angezeigt, sie schüttelte ihren Kopf und sagte, das geht nicht mit rechten Dingen zu. Ich konnte ihr nur zustimmen und bat sie um einen Rat, wo ich mich noch hinwenden könnte. Sie meinte z. B. beim Jugendamt nachfragen. Gut, dachte ich, das wäre eine Möglichkeit und bedankte mich höflich für Ihre Suche und Auskunft. Ich hatte diesen ersten Schritt meiner Suche gewagt und ihn nicht bereut. Nun hatte ich den Beweis, das in der Frauenklinik in Neukölln eine undurchsichtige Geschichte mit mir und meinen Kindern geschehen ist. Nach Aussage der Mitarbeiterin vom Rathaus – Neukölln vom Sterberegister war mir nun völlig klar, das meine Suche kein Spaziergang werden würde und ich sollte Recht behalten. Meine Gedanken kreisten in meinen Kopf, als ich auf dem Weg nachhause war. Warum haben die vom Krankenhaus meine Geburt nicht angemeldet. Was haben die mit meinen armen Babys gemacht. Ich hätte schreien können, solchen Druck spürte ich in mir. Ich fühlte mich wieder so ausgeliefert und hilflos, wie in diesem Alptraum vom 16. 09. 1973, die Geburt meiner Zwillinge. Eigentlich ein wunderschönes Ereignis für die gesamte Familie, doch das Krankenhaus hat

49

für uns einen Horrortrip daraus gemacht, einfach unglaublich, aber es ist leider Wahr. Ich saß in der U-Bahn auf dem nachhause Weg und nahm die Menschen um mich herum nicht wirklich wahr. Vielleicht waren unter ihnen auch die Menschen, die uns das Unfassbare angetan haben. Wem konnte ich noch trauen, ohne Angst zu haben, er würde mich verraten. Ich musste die Suche nach meinen Kindern, wie meinen Mutterpass hüten und konnte mit niemanden darüber reden. Zum letzten Mal habe ich den Erwachsenen im Krankenhaus vertraut und wurde so bitter enttäuscht. Ich stieg aus der U-Bahn aus und versuchte mich zu sammeln, denn ich musste und wollte für meinen kleinen Sohn da sein, er brauchte mich sehr, da meine junge Beziehung und Ehe zu Peter an den enormen Belastungen zerbrochen war. Wir konnten den Verlust unserer Zwillinge nicht wirklich verkraften und haben immer wieder gemeinsam gelitten. Niemand hat uns unsere Warum – Fragen beantwortet, daran ist unsere Ehe zerbrochen. Ich wollte für meinen Sohn da sein und seine Geschwister suchen. Peter kümmerte sich um unseren Sohn, redete aber nicht mehr, über unsere verlorenen Zwillinge ging seine eigenen Wege. Ich zog mich zurück und überlegte mir in der Zwischenzeit, wo und wann ich weiter suchen werde. Ich verfolgte jeden Zeitungsartikel, der mit dem Kindesentzug über die Jugendämter speziell mit Minderjährigen Müttern zu tun hatte. Im Jahr 1978 fiel mir ein Zeitungsartikel in die Hände, der mich an meine Geschichte erinnerte. Die Zeitung nannte sich der Gropius Spiegel. Er wurde im Raum Neukölln Buckow Rudow kostenlos in die Haushalte geliefert. Mein Sohn war im Kindergarten und ich hatte am Vormittag etwas Zeit für mich. Ich holte mir den Gropius Spiegel aus meinem Briefkasten und setzte mich an den Wohnzimmer Tisch. Ich las auf der Titelseite – Mutter bekam ihr Baby wieder! Ich blätterte auf die nächsten Seiten, wo beschrieben war, was geschehen ist. Die Anzeige: Baby von Minderjähriger Mutter nach der Entbindung verschwunden. Dann wurde genau beschrieben, was geschehen ist und es wurde herausgefunden, das Jugendämter und bekannte Krankenhäuser in Berlin – darunter auch die Frauenklinik in der ich 1973 entbunden habe und das Jugendamt des Wohnortes Babys speziell von Minderjährigen und Unverheirateten Müttern entzogen haben. Diese Minderjährige Mutter hatte ihr Baby in Kreuzberg entbunden und wieder bekommen, weil sie eine Strafanzeige bei der Polizei gemacht hat. Wo ich diesen Artikel gelesen habe, wurde mir heiß und kalt. Die Erinnerungen und Bilder stiegen in mir hoch. Ich schluchzte und die Tränen liefen mir die Wangen herunter und ich erinnerte mich an jeden schrecklichen Tag, den ich in diesem Krankenhaus verbringen musste, wie sie mich quälten und mir brutal und gewaltsam meine Babys entzogen wurden. Ich war mir sicher, das Jugendamt aus meinem Wohnort hatte in meinem Fall, auch die Finger mit im Spiel gemeinsam mit der Frauenklinik. In diesem Moment konnte ich nur noch Verachtung für das Jugendamt und die Frauenklinik empfinden. Ich wurde von denen so betrogen Sie wollten nur meine Kinder, für irgend eine fremde Frau, die keine Kinder bekommen konnte. Wie passt das zusammen, dachte ich. Meine Kinder darf ich nicht großziehen, dafür bin ich zu jung, aber für fremde Leute meine Kinder austragen und entbinden, dafür war ich ihnen gut genug und nicht zu Jung, wie soll ich das verstehen und wo ist dabei die Logik mir fiel nichts mehr dazu ein, außer das ich mich hätte übergeben müssen. Dieser Zeitungsartikel machte mich völlig fertig, machte mir auf der anderen Seite aber auch Mut und ich sagte mir. Dieses Mädchen ist auch Minderjährig und hat ihr Baby wieder bekommen, das kann ich auch schaffen, ich darf nicht aufgeben. Ich überlegte, ob ich auch eine Strafanzeige, wegen dem verschwinden meiner Zwillinge 1973 aus der Frauenklinik Neukölln machen sollte, aber ich bekam panische Angst, das sie mich als Lügnerin hinstellen könnten, denn niemand wusste, das ich den Mutterpass von der Schwester ausgehändigt bekommen hatte. Gedanken über Gedanken quälten mich und die

Angst einen Fehler zu machen, um die Suche meiner Kinder damit zu gefährden, verbot mir diese Anzeige bei der Polizei zu machen. Ich musste mich wieder beruhigen und mich auf meine Suche konzentrieren. Der Zeitungsartikel ging mir nicht mehr aus dem Kopf und war mir in vielen ausweglosen Situationen meiner Suche, eine wertvolle Hilfe. Die ersten Jahre meiner Suche nach meinen Kindern, versuchte ich über den telefonischen Weg etwas zu erfahren, später hielt ich schriftlichen Kontakt zu Ämtern und Behörden, um Beweise zu sammeln. Ich holte mir unter verschiedenen Vorwänden meiner Verwandten Suche, auch telefonische Auskünfte, die mir nützlich waren. Nach jahrelanger Suche entwickelte ich Strategien, um sicherer für mein Gegenüber zu wirken, um etwas brauchbares heraus zu finden. Ich empfand meine Suche, als ein riesiges Puzzlespiel, wo Teilchen um Teilchen mühevoll zusammen gesetzt werden müssen. Wenn ich wieder ein Teilchen gefunden hatte und es passte, dann fühlte ich Stolz in mir. Eines durfte ich niemals, meine Hoffnung aufgeben, meine Kinder eines Tages zu finden und in meine Arme zu schließen. Dieser Vorsatz war nicht immer einfach, genau dann, wenn ich an meine eigenen psychischen Grenzen stieß. In der Zwischenzeit hatte ich zum zweiten mal geheiratet und mein Ehemann war ein guter Vater für meinen Sohn. Er fand meine Geschichte als Minderjährige auch sehr schlimm, er unterstützte mich moralisch bei meiner Suche. In jedem Jahr, nachdem die Kinder geboren waren zündete ich am 16. 09. eine Geburtstagskerze an. Ich habe meinen Zwillingen in Gedanken zu jedem ihrer Geburtstage in Gedanken gratuliert und mir so sehr gewünscht, sie endlich zu finden. Mein Mutterherz tat mir weh und ich konnte an ihren Geburtstagen kaum den Schmerz ertragen, nicht zu wissen, wie es ihnen wirklich geht und ob es ihnen in ihrer fremden Familie gut geht. Ich erzählte meinem Sohn von seinen Schwestern und ließ ihn an ihren Geburtstagen am 16. 09. jedes Jahr teil haben. So wollte ich verhindern, das wenn er schon nicht mit ihnen aufwachsen konnte, er sie nicht vergisst. Mein Sohn hatte einen guten Kontakt zu seinem leiblichen Vater und den Großeltern. Einmal im Jahr, wenn mein Sohn Geburtstag hatte, trafen wir uns alle und feierten gemeinsam, wie eine Familie seinen Geburtstag. So war es auch 1987. Wir saßen alle gemeinsam im Wohnzimmer und Peters Mutter saß mir gegenüber und unterhielt sich mit meiner Mutter. Plötzlich schaute sie in meine Richtung und sagte zu mir. Kennst du Angelas Tochter Sara mit der hat Rico immer so schön gespielt, als die beiden klein waren. Sara ist ein Jahr älter als Rico. Ich dachte ich habe mich verhört und fragte nochmal nach. Angelas Tochter ist ein Jahr älter als mein Sohn Wie sollte das funktionieren, dann wäre sie mit mir gemeinsam schwanger gewesen und sie war nicht schwanger, als wir sie 1973 in Westdeutschland besucht haben. Da war ich mit meinen Mädchen schwanger. Erschrocken schaute mich Peters Mutter an, reagierte nicht mehr auf meine Fragen und drehte sich abrupt in die Richtung von meiner Mutter und unterhielt sich weiter mit ihr. Sie wechselte sofort das Thema. Wir sprachen nie wieder darüber. Diese Äußerung ging mir nicht mehr aus dem Kopf, das ist doch nicht wahr. Angela hatte 1973 keine Tochter und war auch nicht schwanger, ich hatte doch nachgefragt. Ist Sara vielleicht meine Tochter. , Warum musste ich 1973, wo ich mit meinen Zwillingen schwanger war, mit zu Angela nach Westdeutschland. Hatten die Eltern meines Freundes mit den schrecklichen Vorfällen im Krankenhaus, die ich erleben musste, zu tun. Ich wollte es nicht glauben, sie hatten mich doch gerne, Oder. Ich kam völlig durcheinander. Nein, das kann ich mir nicht vorstellen, sie haben uns doch immer unterstützt, auch bei der Wohnungssuche, als unser Sohn zur Welt gekommen war. Hatten sie uns gegenüber ein schlechtes Gewissen, weil sie unserem Sohn die Geschwister nahmen. ich weiß es einfach nicht, was soll ich denn noch glauben. Ich muss das nächste mal, wenn ich Mutti sehe, versuchen mit ihr über Angela und ihre Tochter zu reden und dann werde ich sie fragen, was im Krankenhaus 1973 wirklich besprochen worden ist. Sie muss mir die Wahrheit sagen. Ich darf ihr keine Vorwürfe machen, dann wird sie schweigen, denn sie hat mir gegenüber bestimmt so wieso ein schlechtes Gewissen. Ich werde versuchen diplomatisch vorzugehen. Ich verabredete mich mit Mutti fürs nächste Wochenende. Ich bot ihr an, das wir gemeinsam etwas unternehmen. Mutti sagte mir verbindlich zu und wir freuten uns aufeinander. Das Wochenende kam schneller als ich dachte und ich war gut vorbereitet. Als ich am Samstag bei meiner Mutti an kam, lächelte sie mich warmherzig an, na meine Kleine, wie geht es dir?!Ich war verblüfft, wusste Mutti schon wieder, das ich etwas von ihr wissen wollte, hatte sie wieder eine Ihrer vielen Vorahnungen. Ich wollte nicht mit der Tür ins Haus fallen und sagte Ja und Nein. Ich habe mich sehr auf dich gefreut Mutti, was wollen wir unternehmen hast du Lust spazieren zu gehen. Ja, antwortete Mutti, es ist tolles Wetter, gehen wir zum Rudower Wäldchen spazieren. In der Nähe ungefähr 10 Minuten Fußweg, war ein kleines Wäldchen, wo wir des öfteren schon früher spazieren waren, auch mit meinem Sohn, wo er noch Baby war. Es war ein erholsames Fleckchen Erde, mitten in Rudow. Am Wäldchen angekommen wurden wir plötzlich schweigsam Mutti und Ich. Es erinnerte mich an 1973, als mich Mutti nach meiner Entbindung vom Krankenhaus abholte. Ich hatte das Gefühl, das es Jahre her war, aber immer noch Irgend etwas zwischen uns stand. Ich wollte nicht, das eine Unwahrheit zwischen meiner Mutter und mir existierte. Es musste für Mutti etwas sehr gravierendes 1973 im Krankenhaus passiert sein, was sie mir gegenüber zeitweise veränderte. Es hatte nach Jahren noch immer die Macht zwischen mir und meiner Mutter zu stehen. Mutti meinte, hier ist so schöne frische Luft im Wäldchen, findest du nicht auch – ich bekam gerade mal ein Ja heraus. Ich musste es nun wagen, alles auf eine Karte zu setzen, sonst würde ich niemals die ganze Wahrheit erfahren. Ich überlegte nicht mehr lange und sagte – Mutti kennst du Angelas Tochter Sara? Mutti schaute mich an und wurde verlegen Sara, nein die kenne ich nicht, ich dachte Angela konnte keine Kinder bekommen, das wurde doch damals erzählt. Was wurde erzählt und wann damals. Mutti schluckte ich glaube, da warst du mit deinen Mädchen schwanger. Ich hatte es geschafft, Mutti wollte es mir erzählen. Ich dachte, ich darf nicht locker lassen, also redete ich vorsichtig weiter. Mutti würdest du mir sagen, wenn die mir meine Kinder im Krankenhaus entzogen hätten. Ich würde niemanden einen Vorwurf machen, ich will nur wissen, ob es meinen Kindern gut geht. Mutti brach das Gespräch abrupt ab und meinte zu mir. Komm, wir gehen nachhause und ich koche uns eine Tasse Kaffee Kuchen können wir noch vom Bäcker mitnehmen. Ich lenkte ein und sagte ja das ist eine schöne Idee, dann könnten wir zuhause weiter reden. Mutti schwieg dazu und wir holten Kuchen vom Bäcker aus dem Einkaufszentrum. An diesem Tag erzählte Mutti nichts mehr von den Vorfällen im Krankenhaus und ich merkte, das sie noch nicht bereit war, mit mir darüber zu reden. Viel hatte ich an diesem Tag nicht erfahren, außer das Angela eine Cousine aus Westdeutschland, wahrscheinlich keine eigenen Kinder bekommen konnte. Immerhin, war für mich wieder ein kleines Puzzle Teilchen dazu gekommen. An diesem Tag musste ich akzeptieren, das meine Suche alleine weiter gehen muss, denn Unterstützung würde ich keine haben. Da zur Zeit meine Mutter aus Gefühlsgründen nicht bereit war, mir die ganze Wahrheit zu sagen. Es tat ihr einfach weh, über die Vorfälle 1973 zu reden, das hatte ich im Gefühl, somit ließ ich das Gespräch erst einmal ruhen.

Die Jahre zwischen 1987 – 1996 wurden turbulenter für mich. Da ich sehr früh Kinder bekommen habe, blieb natürlich die Ausbildung auf der Strecke und nun war mein Sohn selbstständig und ich konnte etwas für mich tun. Von 1989-1991 absolvierte ich eine Ausbildung zur Familientherapeutin und hatte mir in 6 Jahren eine Tagesgroßpflegestelle gemeinsam mit einer Erzieherin aufgebaut. Mein Leben verlief in geordneten Bahnen.

Wenn ich Zeit hatte verbrachte ich jede freie Minute am Internet und informierte mich über Adoptionen von 1973. Im Zeitalter des Internets wurde auch meine Suche erleichtert, da ich informative Informationen über verschiedene Adoptionsformen im Internet fand. Ich informierte mich über die Inkognito Adoption sehr genau, da diese Form anhand meiner Erlebnisse im Krankenhaus und der Vorgehensweise, wie mit mir umgegangen wurde, ihr am ehesten ähnelte. Bei der Inkognito Adoption wurde 1973 die gesamte Identität der Mutter gelöscht und gemeinsam mit den annehmenden Eltern wurde dem Kind eine neue Identität gegeben. Wie grausam, dachte ich, aber durch diese Informationen, wusste ich endlich, wo ich nachfragen und suchen musste. Ich sog alle Informationen aus dem Internet in mich auf und fühlte mich dadurch stärker und nicht mehr so einsam und alleine. Ich las andere Schicksale im Internet über Kindeswegnahmen bei Minderjährigen und fand mich hier und da wieder. Immer waren die Staatlichen Jugendämter an der Spitze und das Krankenhauspersonal machte fleißig mit, ohne Rücksicht auf Verluste. Ich habe es am eigenen Leib spüren müssen. Ich bin zeitlebens seelisch von diesen schrecklichen Erlebnissen gezeichnet. Ich hatte in der Zwischenzeit im Abstand von Jahren, mindestens 20 Schwangerschaften, die nur bis zur 6/8 Schwangerschaftswoche von mir ausgetragen wurden. Es gab für den Gynäkologen keinen ersichtlichen Grund, da ich organisch völlig gesund war. Seine Diagnose psychosomatisch. So wie ich ahnte, ich sei schwanger, hatte ich sofort panische Angst, das mir das Kind wieder entzogen wird und ich stoppte über meine Psyche, das heranwachsen des Fötus. Scheinbar schützte meine Psyche mein Kind aus Angst. Ich habe so sehr seelisch darunter gelitten, das sich meine Schwangerschaften von selber beendeten, ohne einen körperlichen Grund. Die wissen nicht, was sie einer jungen Mutter antun, wenn sie ihr, das Kind gegen ihren Willen entziehen. Ich konnte nach meinem Sohn 1974, keine Schwangerschaften mehr austragen und bin heute davon über-

zeugt, das es mit dem Trauma von 1973 in der Frauenklinik zu
tun hatte. Was habt Ihr getan, gebt mir endlich eine Antwort
darauf. Oder seit ihr zu feige zu Euren Missetaten zu stehen.
Seht was ihr aus mir mit Euren unmenschlichen Aktionen gemacht habt. Meine Seele weint, hört ihr es nicht. Ich konnte nie
wieder ein Baby im Arm halten. Mein Traum als junges Mädchen waren 3 Kinder zu bekommen. Ihr alle habt meinen Traum
zerstört, wer gab euch das Recht dazu. Was habe ich euch getan,
ich war 15, Minderjährig und schwanger. Bevor ihr Unmenschen
in mein Leben gewaltsam eingedrungen seit, war ich glücklich.
1996 schrieb ich an das Amtsgericht von Neukölln, um heraus-
zufinden, ob Unterlagen über eine Pflegschaft oder Adoption
meiner Kinder existieren. Ich bekam einen kurzen förmlichen
Bescheid, nach 4 Wochen endloser Wartezeit, das leider keine
Unterlagen zu dem Vorfall existieren. Der gute Rat war, ich
solle mich an das Jugendamt in meinem Wohnort wenden, dort
müsste eine Akte von mir existieren. Das Jugendamt hatte ich
auch angeschrieben, dort wurde mir kurz und knapp geantwor-
tet, das nur die Adoptierte eine Auskunft erhalten würde. Der
gute Rat: Ich solle mich an das Landes Adoptivamt wenden.
Ich konnte diese Lügen nicht mehr hören, immer wieder fa-
denscheinige Ausreden, eine Hin und Her Schiebe Taktik der
Behörden. Von denen konnte ich keine Hilfe oder Unterstützung erwarten. Ich konnte mich nur auf mich selber und meine
Recherchen aus dem Internet verlassen. Auf jedenfalls nahm ich
mir fest vor, nochmal mit Mutti zu sprechen, ich musste nur
einen günstigen Zeitpunkt wählen, aber das kann dauern. Nur
Mutti wusste die ganze Wahrheit und die würde mir wirklich
bei meiner endlosen Suche nach meinen Kindern helfen. Vor
allem musste ich endlich herausfinden, ob ein Mädchen nach
der Geburt wirklich verstorben ist, also nahm ich meinen alten Mutterpass zur Hand und setzte mich ruhig auf die Couch.
Ich blätterte in meinem Mutterpass, als mir ein Wert auffiel, er
wurde am 18. 09. 1973 eingetragen. Zuerst dachte ich, vielleicht

ist das ein Wert von mir in meiner Schwangerschaft Da in meinem Mutterpass die Seiten meiner gesamten Schwangerschaft fehlten, fiel mir auf, das dieser Wert auf der einzigen noch vorhandenen Seite, der Geburt am 16. 09. 1973 meiner Mädchen stand. Wenn ich wüsste, was dieser Wert bedeutet, dann weiß ich auch, ob beide Mädchen leben, oder nur noch Eins von beiden. Ich schaute mir den eingetragenen Wert immer wieder an. Dann setzte ich mich ans Internet und fand heraus, das diese Werte 1973 in der Frauenklinik, in der ich entbunden habe, eine Herztonmessung am Säugling war. Ich war erleichtert, das bedeutet, das ein Kind überlebt hat, denn diese Herztonmessung wurde am 18. 09. 1973 bei meinem Mädchen vorgenommen. Ich versuchte die unter der Untersuchung unterzeichneten zwei verschiedenen Unterschriften zu entziffern. Eine der Unterschriften konnte ich erkennen Ich nahm das Telefonbuch zur Hand und suchte nach einem Gynäkologen mit diesem Namen und hatte Glück, das Schicksal meinte es an diesem Tag gut mit mir. Sofort griff ich zum Telefonhörer und wollte in der Praxis in Berlin anrufen. Ich atmete tief durch und wählte die Telefonnummer der Gynäkologischen Praxis. Als die Arzthelferin den Namen der Praxis durch das Telefon sagte, zitterte meine Stimme, ich versuchte ruhig zu bleiben. Guten Tag, könnte ich bitte mit dem Arzt sprechen, es geht um eine dringende Angelegenheit. Um was geht es denn, fragte die Arzthelferin freundlich. Das wollte ich ihn bitte selber fragen, antwortete ich am anderen Ende des Telefons. Gut er hat sicher einen Moment Zeit für Sie, ich stelle sie zu ihm durch. Und zum Glück, nahm der Arzt meinen Anruf an. Er fragte sehr freundlich, was mein Anliegen sei und ich erzählte ihm vorsichtig meine Geschichte. Ich wollte sie fragen, ob sie 1973 in einer Frauenklinik gearbeitet haben. Leider nicht, aber mir sind die Ärzte in dieser Frauenklinik bekannt. Wie kann ich ihnen helfen. Ja gerne, antwortete ich ersichtlich glücklich und fragte ihn sofort nach der zweiten Unterschrift in meinem Mutterpass. Er wollte genau wissen, wo diese Un-

terschrift des Arztes in meinem Mutterpass steht und er wusste
sofort, um welchen Arzt es sich handelte, da er mit ihm mal
zusammen gearbeitet hat. Es kann sich nur um den Kinderarzt
der Kinderklinik auf dem Krankenhausgelände handeln, der bei
ihrem Kind die Herztonmessung durchgeführt hat. Aber um ihnen unser Telefongespräch zu bestätigen, schlage ich ihnen vor,
heute noch in meine Praxis zu kommen und ihren alten Mutterpass mit zu bringen, dann sehen wir weiter. Das ist ja toll sagte
ich überglücklich, vielleicht kann er mir weiterhelfen. Ich fuhr
sofort mit meiner besten Freundin in die Berliner Frauenarzt
Praxis Ich war aufgeregt und glücklich, das er mich bei meiner
Suche unterstützen wollte. Endlich in der Praxis angekommen,
dauerte es nicht sehr lange, da rief er mich in sein Sprechzimmer. Ich zeigte ihm sofort meinen Mutterpass von 1973 und er
sah ihn sich interessiert an. Spontan sagte er zu mir ja das ist
die Unterschrift vom dem Kinderarzt. Ich sehe hier, er hat eine
zwei vor die Geburtsgewichte gesetzt. Das ist eine Altdeutsche
zwei, das war wie ein Erkennungszeichen von diesem Kinderarzt, aus der Kinderklinik. Ich hörte nicht mehr auf, mich bei
diesem wunderbarem Arzt zu bedanken, der mir soviel Informa-
tion aus meinem Mutterpass gab. Zuletzt fragte ich ihn noch, ob
er wüsste, wo dieser Kinderarzt wohnt. Er sagte zu mir ich sollte
ins Telefonbuch nach dem Namen des Kinderarztes schauen, das
tat ich dann auch und habe in dort gefunden. Ich hielt die Telefonnummer von dem Arzt in den Händen, der meine Tochter
im Krankenhaus betreut hat. Ich wählte voller Spannung seine
Rufnummer und hoffte er könnte mir etwas über meine Babys
sagen. Es dauerte einige Zeit bis ein freundlicher älterer Herr
ans Telefon kam. Ja, hallo hörte ich ihn sagen, wer ist da. Guten Tag, ich habe eine Frage an sie. Ja, fragen sie junge Frau,
vielleicht kann ich weiter helfen. Haben sie 1973 in einer Berliner Frauenklinik gearbeitet. Nein, nicht direkt, aber auf dem
selben Krankenhaus-Gelände, in der Kinderklinik. Ich wollte
sie fragen, ob sie sich an den 16. 09. 1973 erinnern können,

da habe ich Zwillinge zwei eineiige Mädchen dort entbunden. Einen Moment, hielt er inne. Waren sie Minderjährig, Ja, korrekt. Er sprach weiter. Ich hatte an diesem Tag Dienst und wurde in die Frauenklinik herüber gerufen. Dort wurden Zwillinge von einer 15 Jährigen Minderjährigen entbunden und die Kleinen kamen 6 Wochen früher. Ich brachte die Wärmebettchen von der Kinderstation mit. Können sie mir erzählen was passiert ist. Er sagte, sehr viel weiß ich nicht darüber, als ich angekommen bin, waren, die Babys geboren, das eine Mädchen hat leider nicht überlebt, aber das zweite habe ich dann im Wärmebettchen mit auf die Kinderstation genommen. Ich musste auf einmal weinen und erzählte ihm meine schrecklichen Erlebnisse und wie schlecht ich in der Frauenklinik behandelt wurde. Er wurde ganz still und nachdenklich und ich fühlte, das es ihm leid tat. Er schien der Situation völlig hilflos gegenüber, es tat ihm unsagbar leid, was ich durchmachen musste. Ich fühlte das ich ihm vertrauen konnte und das er nichts mit diesen menschenunwürdigen Behandlungen die mir in diesem Krankenhaus angetan worden sind, zu tun hatte. Ich beruhigte mich und er nahm sich Zeit für mich und mein Anliegen. Dann hatte ich nur noch eine Bitte an ihn, mir meine Tochter zu beschreiben. Der Kinderarzt meiner Tochter erzählte mir, meine Tochter war sehr hübsch und hatte schwarze dichte Haare. Sie wog 2500 Gramm und hatte 46 Zentimeter. War sie gesund – Ja, sie war nur noch ein paar Tage im Wärmebettchen und ist nach 4 Tagen abgeholt worden, was mich sehr wunderte. Ich hatte 4 Tage frei und als ich wieder in den Dienst kam, wurde mir erzählt, das Kind ist angeblich von der Familie abgeholt worden. Ich fragte ihn nach dem Wert in meinem Mutterpass, er sagte zu mir, das war eine Herztonmessung von meiner Tochter, es war aber alles im grünen Bereich. Wer meine Tochter wirklich abgeholt hat, war ihm so wie mir, ein Rätsel. Ich bedankte mich herzlich für die freundliche Auskunft und konnte kaum fassen, was ich an diesem einen Tag, über meine Kinder erfahren durfte. Dieser Tag hat mich ge-

prägt, meine Gedanken wirbelten durch meinen Kopf ich war
überglücklich, das es meinem einen Mädchen nach der Geburt
gut gegangen ist, aber sehr traurig, das mein anderes Mädchen,
die Geburt anscheinend nicht überlebt hat, oder, ein Zweifel
schlich sich ein, was ist, wenn sie die Mädchen nach der Geburt
getrennt haben und in verschiedene fremde Familien gegeben
haben. Ich habe im Laufe meiner Suche viel erfahren und doch
nichts konkretes gewusst, das machte mich wiederum unruhig
wütend und unglücklich. Ich befand mich ständig in einem Ge-
fühlschaos und so präsentierte ich mich auch meiner Außenwelt.
Ich war an manchen Tagen unausstehlich wütend und ungerecht, zu Menschen, die es sicher gut mit mir meinten, aber ich
fühlte mich durch diese Belastungen immer Einsam und Alleine
gelassen, auf der Suche nach der Wahrheit. Ich wollte die Wahrheit finden und nicht immer im Ungewissen leben müssen, ob
ich nach einem oder zwei Kindern suche. Zuerst war ich zufrieden, wenn ich eine positive Spur verfolgte, dann kippte alles
wieder um und die Zweifel an der Wahrheit verunsicherten mich
wieder. Sagte der Kinderarzt ehrlich die Wahrheit, oder wusste
er viel mehr, als er mir erzählte. Vielleicht wollte er mich von
meiner Spur ablenken, aber das was er mir erzählte, klang doch
Ehrlich, immer wieder überfielen mich Zweifel, nach den positi-
ven, spürte ich sofort die negativen Gedanken – wem konnte ich
vertrauen, bis jetzt wurde ich immer wieder Enttäuscht. Informationen, die ich mühevoll zusammen getragen habe, wurden
dann von den selben Menschen widerrufen. Ich versuchte mich
immer wieder selber zu beruhigen ich werde die Wahrheit finden, ich musste nur Geduld haben. Geduld ist gut dachte ich,
habe ich – ich suche nun schon Jahre nach der Wahrheit. Ich recherchierte weiter und wollte meinen Traum, meine oder mein
Kind zu finden, nicht aufgeben. Es gab auch Tage und Wochen,
wo ich aufgeben wollte und keinen Sinn in meiner Suche sah,
genau dann, wenn mir Behörden schrieben. Es tut uns sehr leid
für sie, aber laut Personenstandsrecht können wir Ihnen keine

Auskunft über Namen Adressen oder Geburtsdaten geben, das kann nur die Adoptierte, Ich konnte diesen Satz weder hören, noch lesen. Wie oft habe ich diesen einen Satz –Personenstandsrecht gehasst, er machte mir meine erfolgreiche Suche, zunichte und die Behörden ließen nicht mit sich handeln. Bis auf Mitleid, auf das ich wirklich verzichten konnte, wurden von den Behörden für mich als Herkunftsmutter, die Türen geschlossen. Es nervte mich nur noch. Ich konnte erzählen was ich wollte, das ich Minderjährig war, das die mir meine Kinder gegen meinen Willen entzogen haben. Ich stieß auf taube Ohren, bei den Ämtern. Wir müssen uns an die Gesetze halten, hämmerten sie mir in meinen Kopf – ich war wütend und traurig sie haben auch nicht nach den Gesetzen gefragt, als sie mir, ohne mit mir zu reden, meine Babys entzogen. Meine jahrelange unermüdliche Suche nach der Wahrheit bestimmte mein Leben. Ich ging mit diesen Gedanken schlafen und stand damit am nächsten Morgen wieder auf. Meine zweite Ehe zerbrach auch daran, weil mein Leben von meiner Suche bestimmt wurde. Auf der anderen Seite war ich froh, das nach 11 Jahren, diese Ehehölle vorbei war, denn mein zweiter Mann hat angefangen mich zu schlagen, weil er mit meinem Leidensweg nicht zurecht kam. Ich entschied mich mit meinem Sohn erst einmal alleine zu leben. Da ich keinen anderen Menschen mit meiner Suche belasten wollte. Mein Sohn entwickelte sich super, er machte Abitur und er hatte klare Vorstellungen von seinem weiteren Lebensweg. Ich war sehr glücklich darüber. Ich bemühte mich meinen Sohn mit meiner Suche nicht zu belasten, aber er merkte natürlich auch, was mit mir los war, wenn ich manchmal weinend im Wohnzimmer saß. Am schlimmsten war es jedes Jahr, am 16. 09. , wenn der Geburtstag seiner Schwestern war, dann tat es mir besonders weh, das ich sie immer noch nicht in meine Arme nehmen konnte, oder wenigstens eine von Beiden. Ohne festen Partner wurde vieles für mich leichter und ich wurde ruhiger und ausgeglichener. Ich war froh, das ich meine Suche ab und zu in mir Ruhen lassen konnte, ohne jede Emotionale Gefühlsregung, die damit zu tun hatte, meinem Partner erklären zu müssen – immer die berühmte frage Schatz, was ist denn los mit dir, lebte ich ungezwungener und freier. Ich konnte meinen Gedanken freien Lauf lassen, ohne ständig von meinem Gegenüber beobachtet zu werden. Es ging mir seit vielen Jahren, als Single gut. Ich konnte tun und vor allem Denken, was ich wollte. Meine Suche wurde mit den Jahren ruhiger und Überlegter, da ich gelernt habe, wo ich noch nachfragen kann und was lasse ich lieber weg, um nicht wieder vor Enttäuschung in ein dunkles Loch zu fallen. Ich war nach Jahren meiner Suche so weit, das ich ab und zu mal loslassen konnte und mir eine Atempause gönnte. Das wäre am Anfang meiner Suche nicht möglich gewesen, denn da war noch zu viel Wut in mir und genau diese Wut machte mich unbeherrscht und nicht fähig, wirklich gute Ratschläge, die mir bei meiner Suche weiterhelfen würden, zu hören. Ich schaffte es sogar ein halbes Jahr überhaupt nicht zu suchen und danach mit frischer gesammelter Kraft wieder anzufangen. So, habe ich mir selber vieles erleichtert und mit dieser Einstellung, wurde ich Selbstsicherer und suchte nur noch gezielt und nicht im Durcheinander, denn genau dieses Chaos, das ich mir durch mich selber schaffte, blockierte ich mich selber. Meine Ausbildung zur Familientherapeutin, ließ mich viele meiner Verhaltensweisen in einem anderen Licht sehen und ich akzeptierte, das Rom auch nicht an einem Tag erbaut wurde und das in der Ruhe, die Kraft liegt. Bis zu dieser Erkenntnis, hatte ich einen langen schmerzvollen Weg hinter mir. 1997 suchte ich wieder intensiver nach der Wahrheit und probierte meine Gedanken in der Realität aus. Ich wurde den Gedanken nicht los, das Menschen die mir vertraut sind, mit dem verschwinden meiner Kinder nach der Geburt etwas zu tun hatten. Wenn ich in Gedanken den Weg nach 1973 zurück verfolge, dann ist da der Besuch vor der geplanten Spanienreise, bei der Cousine in Westdeutschland Angela. Dieses Erlebnis ließ mich nicht los, könnte

Sara meine Tochter sein? Ich spielte in meinen Gedanken, alle Ereignisse nochmals durch. Dann dachte ich an meine Mutti. Es ist seit 1973, einige Jahre her ich musste versuchen, das Mutti mir endlich die Wahrheit sagt. Sofort griff ich zum Telefon und rief Mutti an. Hallo, Mutti ich bin es, ich muss mit dir reden Falls du mit mir über deine Kinder reden willst, dann kann ich dir nicht viel dazu sagen, ich fühlte mich genauso wie du, von allen wie bei einem Überfall vor vollendete Tatsachen gestellt. Ich wusste nicht, wie mir geschah, sagte Mutti aufgeregt. Ich habe es immer wieder gesagt, wir kümmern uns um dich und die Zwillinge, aber auf mich hat niemand gehört, ich hatte nichts zu sagen. Mutti redete sich frei vom Herzen, was sie über Jahre hinweg belastete. Ich hatte ihren wunden Punkt gefunden, sie hörte nicht mehr auf zu reden, so als ob sie froh war, das ich mit meinem Anruf, sie endlich von einer Last befreite. Ich beruhigte Mutti erst einmal und sagte, bitte Mutti, beruhige dich und erzähle mir alles von Anfang an. Was ist am 15. 09. 1973 in dem Sprechzimmer des Arztes auf meiner Station im Krankenhaus passiert, weil ich deine und die Stimme einer anderen mir bekannten Frau gehört habe. . Ja, das ist richtig, sagte Mutti zu mir, mit ihr habe ich mich gestritten, weil sie immer wieder sagte, du bist zu jung für die Kinder. Mutti bleibe bitte ruhig und erzähle mir was an diesem Tag geschehen ist. Bitte von Anfang an. Ich bekam am 14. 09. 1973 einen Anruf vom Krankenhaus, das ich am 15. 09. 1973 dringend dort erscheinen soll. Ich wollte natürlich wissen, warum das so wichtig ist, da ich dann früher von meiner Arbeitsstelle gehen müsste. Sie sagten nur, es geht um ihre Tochter Brigitte. Ich machte mir sofort Sorgen und fragte, ist meiner Tochter etwas passiert. Nein, der Arzt möchte mit den Erziehungsberechtigten ein Gespräch führen. Ich sagte den Termin am 15. 09. 1973 verbindlich zu und war froh, das dir nichts passiert war. Haben sie zu dir am Telefon gesagt, was sie von dir wollen nein sagte Mutti zu mir, bitte glaube mir. Mutti, sei ehrlich zu mir, wolltest du die Kinder weggeben nein um Gottes Willen, ich habe immer wieder zu denen gesagt, wir haben eine 5 Zimmer Wohnung, wo für alle viel Platz ist und ich werde nur noch halbtags arbeiten halbtags, so das ich dich unterstützen kann. Mutti, wie ging es weiter du bist am 15. 09. 1973 in die Frauenklinik zum Termin erschienen und was passierte dort. Ich ging in das Sprechzimmer des Arztes und traute meinen Augen nicht. Das Zimmer war voller fremder Menschen, außer von deinem Freund, die Eltern, waren mir alle übrigen fremd. Und dann es war ganz furchtbar, von allen Seiten wurde ich mit Fragen bombardiert. Wie stellen sie sich das mit den Zwillingen vor ihre Tochter ist viel zu jung. Sie wissen sie haben, die Aufsichtspflicht verletzt, wir überprüfen den Fall vielleicht muss ihre Tochter auch ins Heim. Wie, die wollten mich ins Heim stecken, sind die irre. Mutti wurde immer aufgeregter. Glaube mir Brigitte, ich habe immer wieder das selbe gesagt, das du deine Kinder liebst und sie zuhause mit unserer Unterstützung gut versorgen wirst. Das wir alles für die Babys vorbereitet haben. Niemand von denen, auch nicht die angehenden Großeltern hörten mir zu, sondern sie alle haben mich angeschrien. Ich wurde mit der verletzten Aufsichtspflicht vom Jugendamt erpresst und sie setzten mich damit unter Druck und sagten, wenn ich dich nicht dazu bringe, die Formulare zu unterschreiben, bekommen wir vom staatlichen Jugendamt eine Anzeige und dann stecken sie dich in ein Erziehungsheim und ich muss mich sofort noch im Krankenhaus entscheiden. Sie haben mich dazu gezwungen, mich zwischen meiner Tochter und meinen kleinen ungeborenen Enkeln zu entscheiden, ich fühlte mich so sehr in die Ecke gedrängt und hatte große Angst, du sollst ins Heim, das ich die Formulare nahm und zu dir ins Zimmer gekommen bin. Ich wusste nicht, was ich machen sollte und sagte noch zu denen, ich kann und will meine Tochter nicht anlügen. Da sagte der Arzt, der mit bei dem Gespräch anwesend war dann sagen sie, ihre Tochter muss unterschreiben, falls sie einen Kaiserschnitt bekommen soll, dann wird es ihr nicht auffallen.

Mir ging es so schlecht dabei, mein Kind, dich an zu lügen, sagte Mutti und weinte. Ich schluckte und auch mir liefen die Tränen. Diese Unmenschen haben meine Mutter mit ihrer eigenen Tochter und ihren ungeborenen Enkeln erpresst. Dieses miese Jugendamt von Berlin. Das war eine miese Erpressung, die haben Mutti psychisch unter Druck gesetzt, sich zwischen ihrer eigenen Tochter und ihren ungeborenen Enkelkindern zu entscheiden Das sind ja Stasi Methoden, dachte ich. Ich erzählte Mutti, was ich im Internet über Zwangsadoption in der DDR gelesen habe, da haben die Jugendämter auch ganze Familien gegeneinander ausgespielt, so sieht das für mich in unserem Fall genauso aus. Aber, sagte ich zu meiner Mutti, ich habe doch nicht in der DDR gelebt und entbunden. Mutti überlegte und sagte, das waren auf jeden Fall DDR Methoden des Kindesentzugs. Der Gedanke war korrekt gedacht. Das sollte sich in den nächsten Jahren meiner Suche beweisen. Als Mutti und ich sich von unserem ersten Schrecken des Gesprächs über den 15. 09. 1973 erholt hatten, fragte ich nur noch eines, Mutti erzähle mir bitte genau, wer an diesem schwarzen Tag dabei war. Mutti begann alle dabei gewesenen auf zu zählen. Die angehenden Großeltern der Arzt das Jugendamt Gesundheitsdienst. Ich bedankte mich herzlich bei meiner geliebten Mutter über ihre Ehrlichkeit mir gegenüber und fühlte, wie Mutti ein großer Stein vom Herzen fiel. Endlich hatte die von mir vermutete Sauerei ein Gesicht und einen Namen Jugendamt Neukölln. Jetzt in diesem Moment fiel mir der vor Jahren erschienene Zeitungsartikel im Gropius Spiegel wieder. Eine Minderjährige Mutter bekam ihr entzogenes Baby wieder. Entzogen vom Staatlichen Jugendamt. Nach dem was mir Mutti erzählte, glaubte ich nun, was in diesem Artikel 1987 geschrieben wurde. Das staatliche Jugendamt in Zusammenarbeit mit einigen Krankenhäusern entzogen Minderjährigen Müttern, sofort nach der Geburt ihre Babys. Ich war eine von Ihnen. Alle meine schlimmsten Befürchtungen wurden wahr. Meine Gedanken kreisten um die schrecklichen

Erlebnisse in diesem Raum am 16. 09. 1973. Sehr gewaltsam wurde dort mit mir umgegangen, wie ein Stück Vieh wurde ich auf dem Stuhl festgeschnallt und mit brutaler Gewalt betäubt. Sollte ich vielleicht nicht mehr aufwachen. Vielleicht wollten die mich sogar sterben lassen. Mein Mutterpass der vernichtet werden sollte, wäre ein Hinweis darauf gewesen. Ich kann froh sein, das ich lebend aus diesem Horror Krankenhaus gekommen bin. Bei diesen Gedanken, lief es mir eiskalt den Rücken herunter. Das glaubt mir doch niemand, wenn ich das jemanden erzähle. Ein Suchdienst, dem ich meine Geschichte erzählte, sagte zu mir, das wäre ein Fall für die Staatsanwaltschaft, da es in meinem Fall wohl nicht mit rechten Dingen zugegangen ist. So unrecht hatten sie damit nicht, oder wie sehen Sie das. Die Erzählungen meiner Mutter hatte ich zwar erahnt, aber das es so furchtbar war, habe ich mir nicht gewünscht, aber ich sah meinen Weg jetzt viel klarer. Ich sah aber auch, das alles fein säuberlich vom Krankenhaus und dem Jugendamt vertuscht worden ist. Das alles ist für einen normalen Verstand schwer zu verkraften. Wie viel negative Kraft, war in meinem Fall am Werk und wo sind meine Kinder wirklich hingekommen. Wie soll ich glauben, das eines der Kinder verstorben ist und was kann ich überhaupt noch glauben, bei diesen Machenschaften. Mir kam der Name Angela wieder in den Sinn, er wollte mich nicht los lassen. Falls Sara meine Tochter ist, dann muss ich erst einmal in dieser Richtung in Westdeutschland suchen. Meine Nachforschungen hatte ich in einem Ordner niedergelegt. Den nahm ich mir nun vor und schaute nach, wo ich noch nicht nachgefragt habe, da fiel es mir ein. Der Kinderarzt meiner Tochter sagte zu mir, das sie nur 4 Tage im Kinderkrankenhaus war und dann angeblich, von der Familie abgeholt wurde. Ich wollte ihm glauben und jedem Hinweis nachgehen. Mutti erzählte mir, das sie mich am 21. 09. 1973 im Krankenhaus besuchen wollte, als ihr vom Kindesvater, die Eltern am Krankenhaus begegneten. Sie lief auf sie zu und fragte, ob sie mich besuchen wollten. Sie sagten zu meiner Mutti, nein sie hätten es sehr eilig, sie müssten nach Westdeutschland und dort werden sie schon erwartet. Meine Mutter war überzeugt, das die Eltern meines Freundes, eine Babytasche auf dem Rücksitz in ihrem Auto zu stehen hatten, war es meine Tochter. Ich zählte 1 und 1 zusammen. Jetzt wirbelten viele Gedanken durch meinen Kopf und ich recherchierte. Angela konnte angeblich keine Kinder bekommen. Die Mutter meines Freundes hat Angela sehr geliebt, sie war für sie wie eine Tochter. Sie hat sie großgezogen, da ihre Schwester den ganzen Tag arbeiten musste. Sie hätte alles für Angela getan. Da ich über die Ämter und Behörden herausgefunden hatte, das mein Kind nicht auf meinen Namen angemeldet wurde, konnte sie nur auf den Namen des leiblichen Vaters angemeldet worden sein und mit dieser Vermutung traf ich genau ins Schwarze. Ich rief im Kinderkrankenhaus Christophorus in Berlin an und fragte ob ein Mädchen, am 16. 09. 1973 in der Frauenklinik Neukölln geboren, am 21. 09. 1973 mit dem Namen des Kindesvaters von den Großeltern vorgestellt wurde. Der Kinderarzt meiner Tochter bestätigte mir, das Sie frühzeitiger aus dem Kinder Krankenhaus geholt wurde. Die Eltern meines Freundes waren mit dem Christophorus Kinderkrankenhaus vertraut, da mein Sohn nach der Geburt auch kurz dort war war. Die Schwester des Kinderkrankenhauses war sehr freundlich und schaute sofort in den Büchern von 1973 nach, ob meine kleine Tochter, dort von ihren Großeltern vorgestellt wurde. Ich musste einige Minuten am Telefon warten, dann kam sie wieder zum Telefon zurück und sagte zu mir, ja, hier ist ein Mädchen, mit dem von ihnen genannten Namen am 21. 09. 1973 nur kurz von seinen Großeltern vorgestellt worden. Sie hatten es eilig, denn sie wollten nach Westdeutschland fahren, daran konnte sich die Krankenschwester noch erinnern. Das Mädchen war gesund und es sprach nichts gegen die Reise. Volltreffer, dachte ich und war zufrieden mit dieser Auskunft. Ich bedankte mich herzlich für ihre Auskunft. Einige Tage später fiel mir ein, das ich mir die Aussage der Kinderkrankenschwester schriftlich hätte geben lassen müssen, um einen weiteren Beweis, für die Existenz meiner Tochter zu haben. Ich rief ohne viel zu überlegen, nochmal auf der Station des Kinderkrankenhauses an und ich hatte Glück, denn es war die selbe Schwester am Telefon, wie die Tage zuvor, die mir eine positive Auskunft über meine Tochter erteilte. Ich war froh, das ich diese Schwester am Telefon hatte. Hallo, können sie sich noch an mich erinnern, ich habe sie vor einigen Tagen, wegen meiner Tochter angerufen. Wie war nochmal der Name, ihrer Tochter Ich sagte der Schwester nochmal unter welchem Familien Namen meine Tochter am 21. 09. 1973 dort vorgestellt wurde. Könnten sie mir ihre Mitteilung schriftlich bestätigen. Einen Moment mal, ich müsste erst nachfragen. Es dauerte 10 Minuten bis sie wieder zurück am Telefon war. Sie reagierte völlig verändert. Sie sagte zu mir ich habe nochmal nachgeschaut, der Name war nicht der den sie mir von ihrer Tochter genannt haben, es muss eine Namensverwechslung vorliegen, ich habe mich wohl geirrt. Was, sagte ich in scharfem Ton zu ihr. Sie haben mir gesagt, das ein Mädchen mit dem Familien Namen den ich ihnen vor einigen Tagen genannt habe, nur kurz bei Ihnen von den Großeltern 1973 in der Ersten Hilfe des Kinderkrankenhauses vorgestellt worden ist?! Ich habe sie wiederholt gefragt, ob es sich um ein Mädchen von 1973 gehandelt hat und sie haben mir den Familien Namen nochmals bestätigt. Sie wurde zynisch und meinte schnippisch, dann war es eben eine Verwechslung und legte auf. Ich war sauer und zum X mal Enttäuscht, was war das denn, fragte ich mich, wie gewonnen, so zerronnen, an dem Spruch ist etwas wahres dran. Was war das denn fragte ich mich, warum lügt sie mich an. Lag es vielleicht daran, weil ich eine schriftliche Bestätigung von der Schwester wollte. Es blieb mir ein Rätsel, was war in der Zwischenzeit passiert oder wurde es ihr Verboten, mir eine Auskunft zu geben. Bei Inkognito Adoptionen, gibt es einen Sperrvermerk für die leiblichen Verwandten und Herkunftseltern. War ein Sperrvermerk in den Akten der Grund, für ihre schamlose Lüge. Ein Sperrvermerk war daran schuld, das mich Menschen, die mir helfen wollten anlügen mussten. Das Jugendamt, mit seinen kranken Gesetzen, gegen die Menschlichkeit. Menschlichkeit gibt es anscheinend in deren Wortschatz nicht. Ich fühlte mich wieder mal hinters Licht geführt und hatte immer wieder das Gefühl, wie auf einem Schachbrett hin und her und auf Anfang geschoben zu werden. Es konnte doch nicht sein nach Jahrelanger Suche und Anhaltspunkten finden, immer wieder wie am Anfang blöd dazu stehen. Wieder liefen mir meine Tränen übers Gesicht, hatte sich seit 1973 alles gegen mich verschworen. Wo soll ich noch suchen, Angela war ein Richtlinie meine eine Tochter eventuell zu finden. Ich gebe nicht auf und werde diese Spur erst einmal weiter verfolgen. Es spricht einiges dafür, das meine Tochter, oder sogar Töchter nach Westdeutschland gegen meinen Willen als Baby verschleppt wurden. Ich überlegte genau, welchen Schritt ich als nächsten gehe, ohne das ich wieder schwer Enttäuscht werde. Ich redete mit Mutti darüber und sie sagte, du darfst nicht zu viel erzählen. Ich registrierte den guten Rat von meiner Mutter für die nächste Auskunft und erzählte nur noch das Nötigste. Vor allem, fragte ich nicht mehr nach schriftlichen Bestätigungen. Ich hatte im laufe der Jahre meiner intensiven Suche, mein Puzzle mächtig mit meinen zusammen getragenen Teilchen erweitert. Das war mein ganzer Stolz, meiner mühevollen Kleinstarbeit. Immerhin hatte ich im laufe der Jahre meiner Suche einen stattlichen Ordner Beweise zusammen bekommen und das wurde mir von Niemanden einfach gemacht. Dort hatte ich alle Informationen gesammelt und konnte diese auch immer wieder als Erste Hilfe für meine Suche nutzen. Ich war froh, überhaupt etwas herausgefunden zu haben, nach der schwierigen Startposition, ohne Hilfe oder Unterstützung bei meiner Suche. Ich habe mich immer nur auf mich verlassen können. Nun, hatte ich wenigstens Mutti, mit der ich ab und an, darüber sprechen konnte, denn mein Vater schwieg das Thema Zwillinge regelrecht tot. Wir haben seit 1973 nicht mehr über meine Kinder gesprochen. Mein Vater hat nie von mir oder Mutti erfahren, das ich meine Kinder von Anfang an gesucht habe. Mit dem Rest der Familie wurde nur sehr sparsam, über dieses Thema, wenn überhaupt gesprochen. Mutti sagte zu mir, wir wollen niemanden belasten. Ich musste im Stillen darüber lachen, die einzige, die Tag für Tag seit 1973 damit belastet wurde, ist ihre eigene Tochter. Aber das wusste Mutti und es tat ihr in der Seele weh, das ihre Tochter so sehr leiden musste. Sie sagte immer wieder Kind, ich würde dir das gerne abnehmen, aber ich kann es leider nicht. Ich streichelte sie liebevoll übers Gesicht und sagte, Hauptsache Mutti, du bist für mich da. Da konnte ich mir ganz sicher sein, Mutti blieb auch im Sturm und Regen an meiner Seite, ihr vertraute ich im Dunkeln. Mein Vater hingegen war leider nicht belastbar und überließ Mutti gerne die kniffligen Sachen. Aber so lebten sie 61 Jahre glücklich, es war eben so und so waren wir Kinder es auch gewohnt. Bis mir diese gewaltsame Zwangsadoption 1973 angetan wurde, war mein Leben im Einklang. Meine nächste Station war ein Jugendamt in Westfalen. Ich rief die Jugendamt Mitarbeiterin an und ohne viele Umschweife kam ich auf den Punkt. Ich sagte ihr, das ich meine Tochter suche und vermute, das sie in der Familie des leiblichen Vaters verschwunden ist und ich betonte gegen meinen Willen. Ich wollte meine Kinder großziehen. Die Jugendamt Mitarbeiterin schluckte und fühlte sich völlig überfordert und was wollen sie nun von mir. Ich konnte diesen Satz nicht mehr hören, das hörte ich seit Jahren von verschiedenen Jugendamt Mitarbeitern und anstatt zu sagen, wie kann ich Ihnen helfen, das auch so von Herzen zu meinen und nicht nur so dahin quatschen, nur um zu reden, um die Zeit am Telefon tot zu schlagen. Ich fand diese Konversation unecht, weil ich genau schon wusste, wie dieses Gespräch enden wird. Ich bemühte mich höflich zu bleiben und nannte ihr alle Namen, die sie von mir aus purer Neugierde abfragte. Rufen sie mich in einer Woche an, dann kann ich ihnen vielleicht eine Auskunft dazu geben, aber versprechen kann ich es ihnen nicht. Wieder so ein Standartspruch der Jugendämter. Ich sagte nur Ja, ich weiß und damit war das Gespräch für mich beendet. Ich wusste nicht ob ich darüber weinen oder Lachen sollte, es lief immer auf das selbe hinaus mal wieder unser bekanntes Personenstandsrecht, an dem Niemand vorbei kommt, nicht einmal die Frau, die für das Jugendamt, das Kind geboren hat. Mit der Zeit wurde ich sarkastisch, anders hätte ich nach jahrelangen Abfuhren von Ämtern und Behörden nicht weiter suchen können. Ich wäre verzweifelt, an der Willkür der Ämter. Ich kann nicht heißt ich will nicht. Es ist nicht eine Frage des Könnens sondern eine Frage des Willens Ihr Jugendämter und Behörden. Helfen ist nicht verboten, oder in welchem Gesetzbuch steht Ämter dürfen nicht Unterstützen oder Helfen ist mir nicht bekannt Euch. Eine Herkunftsmutter, die ihr Kind egal ob freiwillig oder wie in meinem Fall unter Zwang abgeben muss, ist eine Mutter, die ihr Kind geboren hat und von Herzen liebt. Ihr Jugendämter habt nicht das Recht, diesen Müttern ihr geliebtes Kind Zeit ihres Lebens zu verweigern. Denn jedes Kind hat ein Recht auf seine Wurzeln. Umgekehrt hat eine Mutter das Recht, ihr Kind, egal aus welchen Gründen sie es abgeben musste spätestens wenn es volljährig ist, Ihr leibliches Kind kennen zu lernen, denn dieses Kind hätte keine fremden Eltern glücklich gemacht, wenn diese Herkunftsmutter, ihr Kind nicht auf die Welt gebracht hätte. Dankbarkeit und Ehre sollte hier die Antwort von Jugendämtern sein und Unterstützung, wenn eine Herkunftsmutter ihr Kind kennen lernen möchte. Aber was ist die Antwort der Jugendämter, nein nur die Adoptierte darf hier nachfragen und nicht die Herkunftsmutter. Wo ist die Logik dabei. Wie sieht es in meinem Fall aus, Inkognito Zwangsadoption und Kindesentzug durch das staatliche Jugendamt, gegen den Willen der leiblichen Mutter und der Großmutter. Wenn das Kind überhaupt nicht darüber informiert wurde, das es adoptiert worden ist. Macht euch darüber Eure eigenen Gedanken.

Ich frage mich jeden Tag, warum es Jugendämter gibt, um Menschen unglücklich zu machen. Familien auseinander zu reißen. Ich lasse mich von Euren sinnlosen Gesetzen § weder von meiner weiteren Suche abhalten, noch abschrecken. Denn ich lasse mich von meinem Mutterherz und der Liebe zu meinen Kindern führen. Die Woche ging schnell vorbei und ich hätte beinahe den Anruf beim Jugendamt in Westfalen vergessen. Ich rief die Jugendamt Mitarbeiterin, wie besprochen an und als ob ich es geahnt hätte, was sie mir wohl wieder sagen wird es tut mir leid, aber ich kann ihnen nicht weiterhelfen, denn aus Personenstandsrecht Gründen, sind mir die Hände gebunden ich habe ihnen ja auch nichts versprochen. Da war sie wieder, die Absicherung der Jugendamt Mitarbeiter, ich habe es ihnen nicht versprochen. Ich dachte nur noch rutsch mir den Buckel runter und sagte danke, für ihre Hilfe. Dann legte ich wieder mal total Enttäuscht den Telefonhörer auf Das hätte ich mir sparen können, die Jugendämter brauche ich nicht um Hilfe bitten, von denen werde ich keine Hilfe bekommen und Wunder gibt es auf Jugendämtern scheinbar nicht. Jahrelang erlebte ich dieses Katz und Maus Spiel mit den Jugendämtern Ablehnungen, wie miteinander abgesprochen Immer die selben Sprüche, es widerte mich an. Kaum zu glauben, aber ich habe es hautnah erlebt. Ich nahm mir nochmal meinen alten Mutterpass von 1973 zur Hand und schaute mir den Herzton Wert von meinem Baby nochmal an. Wenn ich den Wert, als Herzton Wert schriftlich bestätigt bekommen würde? Aber von Wem?

Die Frauenklinik würde mir nicht helfen, die haben damit zu tun das Kinderkrankenhaus ist auf dem Gelände der Frauenklinik, das kann ich auch vergessen, es müsste jemand sein, der von allem unabhängig ist und nichts darüber weiß. Aber wer, ich setzte mich ans Internet und surfte. Plötzlich, wie aus dem Nichts erschien vor meinen Augen, das Herzzentrum Berlin. Das wäre doch eine Möglichkeit, dachte ich aber ob die einen Herzton Wert von 1973 kennen egal es ist eine Chance, ich muss es versuchen. Das Herzzentrum hatte zum Glück eine E-Mail Adresse. Ich suchte mir eine zuständige Ärztin heraus und schrieb ihr eine E-Mail die so lautete Sehr geehrte Frau Dr. Müller Meine Tochter ist 1973 geboren und bei ihr wurde auf der Kinderstation eine Herzton Messung vorgenommen. Leider weiß ich nicht, was dieser Wert bedeutet. Könnten sie so freundlich sein und mir den Wert erläutern?!Mein Herz klopfte, als ich auf senden drückte, nun hatte ich die Anfrage an das Herzzentrum gesendet. Ich hatte wieder eine weitere Hoffnung. Jeden Tag schaute ich gespannt und voller Erwartung in mein E-Mail Postfach und war immer traurig, wenn noch keine Antwort da war. Nach einer Woche kam die ersehnte Antwort von der Ärztin des Herzzentrums. Ich drückte die Nachricht in meinem E-Mail Postfach auf öffnen und schloss die Augen, aus Angst, es ist wieder eine Abfuhr. Ich riss mich zusammen und öffnete schnell die Augen, um die Antwort zu lesen. Ich lächelte vor Freude. Die Ärztin hatte nicht viel geschrieben, aber sie bestätigte mir, das es eine Herzton Messung von meiner Tochter ist. Ich bin vor Freude durch die Wohnung getanzt endlich hatte ich schriftlich, das die Messung in meinem Mutterpass eine Herzton Messung von meiner kleinen Tochter war. Leider bestätigte sich auch damit schmerzlich für mich, das doch meine andere Tochter, nach der Geburt verstorben ist. Sie haben es auch Mutti so gesagt und der Kinderarzt hatte auch von einem Baby auf der Kinderstation geredet. Ich musste es erst einmal glauben, bis ich das Gegenteil beweisen konnte. Ich war glücklich, das ich endlich einen schriftlichen Beweis vorweisen konnte. Ich schrieb der Ärztin zurück und bedankte mich herzlich für Ihre Auskunft. Sie hat mir wirklich sehr geholfen, danach ging es mir psychisch besser, denn ich wusste, das ein Kind lebt. Alles was mir in meiner auswegslosen Situation möglich war, hatte ich getan, ohne Hilfe und Unterstützung von Behörden oder Ämtern. Ihren Satz kenne ich bis heute auswendig und dieser war 1973, wie 2011 immer der selbe. Vieles hat sich im Laufe meiner Suche innerhalb der Jahre verändert, außer die Sprüche der Jugendämter. Das Internet war mir oft eine große Hilfe. Es hat mir viele unnütze Wege erspart. Keine Auskünfte, bekam ich dann via Internet per E-Mail. Mittlerweile suche ich jetzt meine Mädchen, seit ihre Geburt 1973. Intensiver seit 1975 eine sehr lange Zeit für ein Mutterherz. Es wäre sicher vieles einfacher für mich gewesen, wenn mich Jugendämter und Behörden mit Rat und Tat unterstützt hätten. Zwangsläufig immer auf mich alleine gestellt, dauerte es Jahre, um einige brauchbare Informationen zusammen zu tragen. An manchen Tagen war ich so müde von dieser fruchtlosen Suche und hoffte so oft, meine Tochter würde mich finden. Ich bin davon ausgegangen, das wenn meine Tochter heiraten würde, hätte sie eine Abstammungsurkunde bekommen, wo der Name von uns, ihren leiblichen Eltern eingetragen sein müsste Aber ich wäre nicht Ich, wenn ich nicht wieder aufstehen würde und weiter mache. Ich fand im Internet ein Portal, wo sich Adoptierte und Herkunftsmütter eintragen konnten, die ihre Herkunftsfamilien suchten. Zum ersten mal in meinem Leben sah ich, das ich nicht alleine in meinem Elend war, sondern das es leider vielen Herkunftsmüttern und Adoptierten Kindern so ergangen ist, wie mir. Und das jeder von ihnen, ihr eigenes Schicksal tragen und ertragen musste. Es war wieder eine neue Hoffnung für mich, das meine Tochter mich über dieses Portal vielleicht finden könnte. Leider blieb es bis heute bei dieser Hoffnung. Mein Vater verstarb nach schwerer Krankheit 2006. Ich habe ihm leider nie gesagt, das seine Enkelin noch lebt. Ich kümmerte mich um meine Mutti, die mit dem Tod meines Vaters nicht zurecht kam und sehr darunter Litt. Sie waren 61 Jahre verheiratet. 2010 hatte ich die Beweise zusammen, so das ich dem Kindesvater schweren Herzens sagen konnte, das Eines seiner Töchter noch lebt. Ich dachte er fällt vor Aufregung um. Er konnte es nicht glauben. Ihm wurde von seinen Eltern erzählt, sie seien beide verstorben. Meine Notlüge, kann er mir scheinbar bis heute nicht verzeihen. Ich hätte mir sehr gewünscht, das meine Eltern, ihre Enkelin einmal kennen lernen würden. Meine Mutti hatte es sich so sehr gewünscht. Meine liebe Mutti verstarb am 11. 03. 2008 plötzlich und unerwartet für alle Beteiligten. Ich glaube Sie starb an gebrochenem Herzen. Ich habe in der Zwischenzeit erfahren, das Angelas Tochter geheiratet hat. Ich hoffte sie bekommt ihre Abstammungsurkunde. Es war meine ganze Hoffnung. Dann würde Sara wissen, das ich ihre leibliche Mutter bin. Mich überfielen ganz plötzlich negative Gedanken. Was ist, wenn Sara nie gesagt wurde, das sie adoptiert wurde. Sollte ich allen Mut zusammen nehmen und mich mit Sara, die nun eine Erwachsene Frau war, in Verbindung setzen. Was soll ich ihr sagen, was wird sie sagen, wenn ich ihr meine Geschichte von 1973 erzähle. Ich überlegte, ob ich mich mit Angela in Verbindung setze und sie einfach frage, ob Sara, meine Tochter ist. Ich verwarf meine Gedanken sofort wieder und dachte du kannst doch nicht nach über 30 Jahren zu Angela kommen und fragen, ob Sara deine Tochter ist, ich bekam ich große Angst. Mutti war mein Rückhalt, sie war tot, was sollte ich ohne ihre guten Ratschläge tun. Wie soll es weitergehen. Sie konnte mich immer gut beraten. Da war durch ihren plötzlichen Tod auf einmal eine große Leere in mir. Sie hatte mich in den Jahren meiner Suche immer moralisch und seelisch begleitet, Mutti habe ich alle Sorgen anvertraut. Ich fiel in ein tiefes seelisches Loch. Irgendwie kam in mir die Frage hoch, ob diese jahrelange Suche nach der Wahrheit richtig war. Ich bin so oft an meine eigenen Grenzen gestoßen, weil mir das Schicksal Steine in den Weg legte. Kämpfte ich Jahrelang gegen Windmühlen. Zweifel an meinem Tun, überfielen mich, was hätte Mutti jetzt in diesem Moment zu mir gesagt. Los Brigitte erinnere dich Sie hätte zu mir gesagt Kind gib nicht auf, kein Weg ist umsonst, auch wenn er noch so steinig erscheint in allem steckt ein Sinn. Mutti hatte Recht. Ich werde nicht aufgeben, den angefangen Weg meiner Suche weiter zu gehen, bis ich meine Tochter gefunden habe. Ich will meine Tochter finden. Schon überfielen mich im selben Moment schon wieder meine negativen Gedanken Ja, ich wollte nicht aufgeben. Hatte ich aber nicht schon, die wichtigsten Ämter und Behörden angeschrieben, mitgezählt auch telefonische Anfragen. Immer wieder, bin ich am Personenstandsrecht hängen geblieben und buchstäblich unfreundlich von den Mitarbeitern abgewimmelt worden. Mein einziger wirklicher Beweis war mein Mutterpass von 1973. Ich hatte nicht mehr viele Möglichkeiten, denn welche Ämter sollte ich noch ansprechen. Ich surfte weiter intensiver im Internet, um mir neue Informationen zu suchen. Ich surfte auf eine Internetseite der Landesadoptionsstelle Berlin und habe dort gelesen, das man dort nicht nur Adoptierte, sondern auch Herkunft Familien bei ihrer Suche unterstützt. Ich dachte, das ist ja mal ein Wunder, eine Behörde unterstützt Herkunft Familien. Ich lief zum Telefon und rief spontan dort an. Ich hatte Glück, es meldete sich sofort eine Mitarbeiterin der Adoptivstelle. Sie war die Ansprechpartnerin für Herkunftseltern. Ich war sehr aufgeregt und erzählte ihr meine schlimmen Erlebnisse. Ich versuchte nicht zu weinen, was mir nicht nicht gelingen wollte, da mir bei meinen Erzählungen, alle Erinnerungen, die mit der Geburt meiner Mädchen zu tun hatten, wie ein Film vor meinen Augen ablief. Die Mitarbeiterin versuchte mich zu beruhigen und ich fühlte zum ersten mal, das da ein Mensch zuhörte, dem meine schrecklichen Erlebnisse nicht egal waren. Wir sprachen eine Stunde miteinander am Telefon und ich fragte mich, warum ich erst nach so vielen Jahren, so eine verständnisvolle Mitarbeiterin gefunden habe, das machte mich noch trauriger. Aber ich wollte nicht in Selbstmitleid verfallen, sondern hörte aufmerksam zu, was mir die Mitarbeiterin der Adoptivstelle für wertvolle Informationen gab. Als aller erstes sagte sie zu mir, das was sie mir hier erzählen, hört sich nach einer Zwangsadoption an. Ich konnte es kaum glauben, das was ich erahnte, kristallisierte sich nun als Wahrheit heraus. Sie sagte, das die Seiten der gesamten Schwangerschaft fehlen, deutet sehr auf die Methoden einer Zwangsadoption hin. Sie fragte mich ob ich Berlin

DDR oder BRD entbunden habe. Ich sagte, nein nicht in der DDR, sondern in der BRD. Dann meinte sie, leider wurden Zwangsadoption auch in der BRD vorgenommen speziell bei Unverheirateten und Minderjährigen. Sie sagte auch, das wenn es sich bei mir um eine Zwangsadoption handelt, sehr schwierig wird, meine Unterlagen von 1973 zu finden, denn diese wurden sofort vernichtet. Wie auch mein Mutterpass vernichtet werden sollte. Sie informierte mich auch darüber, das in den meisten Fällen, falsche Geburtsgewichte angegeben wurden, oder die Kinder angeblich sofort nach der Geburt verstorben sind. Solche Lügen wurden den verzweifelten Müttern in den Krankenhäusern nach der Geburt erzählt. Die Mütter haben die Geburten nicht miterlebt, weil sie unter Narkosemittel gesetzt wurden. Ich konnte kaum glauben, was sie mir erzählte, aber plötzlich passte alles zusammen. Mein Verdacht bestätigte sich zuerst in meinen Gedanken vielleicht sollte ich die Geburt auch nicht überleben. Die Mitarbeiterin fragte mich, ob ich schon versucht habe, in der Frauenklinik nach Unterlagen zu fragen. Nein sagte ich, ich habe nur in der Kinderklinik nachgefragt, wo meine Tochter 4 Tage war. Sie hatte mich auf eine gute Idee gebracht, das werde ich in Angriff nehmen. Waren sie schon auf dem Standesamt ihres Wohnortes. Und haben nach einem Geburten Register Auszug gefragt, das wäre auch eine Möglichkeit. Fragen sie nochmal beim Jugendamt nach, ob eine Akte aus ihrer Jugend existiert. Denn das Jugendamt wird bei Minderjährigen, die schwanger sind, immer benachrichtigt, dazu sind die Krankenhäuser verpflichtet. Dann gibt es noch Organisationen, die sich auf Zwangsadoption spezialisiert haben und ihnen in ihrem Fall sicher weiter helfen können – auch von 1973, fragte ich unsicher ja natürlich, sogar zurück bis in die Kriegszeiten, wenn eine Zwangsadoption aus politischen Gründen stattgefunden hat, aber die könnten sie dazu besser beraten. Ich dachte, das darf doch nicht wahr sein, diese fremde Frau hat mir so sehr geholfen und mir so viel brauchbare Informationen gegeben und mir wurde klar, das ich noch nicht alle Wege meiner jahrelangen Suche ausgeschöpft habe. Die Mitarbeiterin der Adoptivstelle bot mir an, ich könne mich jeder Zeit und so oft ich Unterstützung brauche an sie wenden, wenn ich noch Informationen, oder Fragen zu dem Thema habe. Ich bedankte mich herzlich und legte glücklich und voller Tatendrang den Telefonhörer auf. In diesem Moment fiel mir Mutti´s Satz ein kein Weg den man geht, ist umsonst, sie hatte Recht. Nach diesem umfangreichen Gespräch mit der Mitarbeiterin von der Adoptivstelle hatte ich wieder Kraft gesammelt und meine innerliche Einsamkeit, war für einen Moment vergessen. Zuerst schaute ich wieder ins Internet und suchte mir eine Organisation heraus, die sich mit dem Thema Zwangsadoption beschäftigte. Dort rief ich einen Tag später an und dort wurde ich beraten. Sehr viel Neues habe ich nicht erfahren, denn die Mitarbeiterin von der Adoptivstelle hatte mich zu dem Thema Zwangsadoption ausführlich beraten und sie hat mir neue Wege aufgezeigt, wo ich noch suchen könnte. Ich brauchte erst einmal ein paar Tage Ruhe und dann wollte ich anfangen nach zu forschen. In der Zwischenzeit hatte ich auch einen Lebenspartner gefunden, der mich nicht verändern wollte. Er akzeptierte meine Trauer über den Verlust meiner Mädchen. Ich konnte mit ihm darüber reden und er hörte mir Ehrlich zu, so wie er auch meine Suchattacken akzeptierte und unterstützte, denn er beteiligte sich an meiner Suche nach meinen Kindern. So, ging es mir seelisch besser und ich fühlte mich bei meiner Suche, nicht mehr so Alleine. Die nächste Station war das Krankenhaus die Frauenklinik. Ich fuhr mit meinem Lebenspartner dort hin. Wir fragten uns durch den Krankenhaus Apparat, bis wir endlich nach langem hin her im Keller des Krankenhaus Archive angekommen sind. Ich erläuterte mein Anliegen und bemühte mich nicht zu weinen, oder meine Emotionen zu zeigen. Ich setzte eine unsichtbare Maske auf. Ich versuchte mir nichts anmerken zu lassen. Dieses Archiv im Keller des Krankenhauses vermittelte mir Angst und ein ungutes Gefühl in der Magengegend. Es erinnerte mich mit seinen sterilen weißen Kachel Wänden und dem grellen Neonlicht an diesen grauenvollen Raum am 16. 09. 1973, wo ich meine Babys entbinden musste. Mir wurde plötzlich heiß und kalt war es diese unheimliche Stille, die diesen kalten Kellerraum des Archive füllte, es war dort totenstill. Ich wurde unsicher und schaute meinen Lebensgefährten ängstlich an, mit der Frage, sind wir hier in der Pathologie gelandet, oder warum ist es hier so totenstill. Ich fragte mich, warum wir hierher geschickt wurden, es regte sich hier unten gar nichts. Wie aus dem Nichts hörten wir aus der Stille heraus in einem Zimmer des Archive einen Mitarbeiter reden und wie von einem Fluch erlöst, liefen wir in diese Richtung, aus der wir die Stimme vernahmen. Hallo, guten Tag, bin ich hier richtig im Krankenhaus Archiv. Ja, so ist es. Was kann ich für sie tun. Ich sagte konkret um was es geht, bemühte mich aber, mir jedes Wort, was ich fragte sehr genau zu überlegen, um das er nicht durchschaut, um was es mir wirklich geht. Ich durfte auf keinen Fall anfangen zu weinen, dann würde er sofort fragen, was mit mir los ist. Ich nahm die Hand meines Lebensgefährten und drückte sie ganz fest, er ließ es zu, denn er konnte nichts weiter für mich tun, als einfach für mich da zu sein. Ich musste mich zusammen reißen und sagte, was ich suchte. Ich habe am 16. 09. 1973 hier in dieser Frauenklinik entbunden und brauche, dringend die Krankenhaus Unterlagen. Ich wartete ab. Wird er mir eine Frage stellen, die mein Vorhaben verrät haben sie einen Beweis mit, das sie hier 1973 entbunden haben Ja, kam vorsichtig über meine Lippen. Hat er nun etwas bemerkt, waren meine Gedanken. Ich spielte meine Rolle aus panischer Angst, er könnte irgendetwas merken weiter. Ich durfte meine Maske nicht fallen lassen, nicht an dem Ort, wo mir so menschenunwürdiges angetan worden ist. Ich zog mit zitternden Händen, meinen alten, aber für mich sehr wertvollen Mutterpass aus meiner Tasche und legte ihn auf den Schreibtisch. Der Mitarbeiter des Archive, schaute nur flüchtig auf das Geburtsdatum meiner Zwillinge und sagte, das wird einige Zeit in Anspruch nehmen, denn die Entbindungen von 1973, befinden sich in einem anderen Archiv, gleich Nebenan. Bitte setzen sie sich in den vorderen Wartebereich. Vielen Dank, das werden wir tun. Es kann aber bis zu einer Stunde Wartezeit dauern, haben sie noch etwas zu erledigen. Ja, gut, dann in einer Stunde. Ich griff sofort hektisch nach meinem Mutterpass und ließ ihn sofort wieder in meiner Tasche verschwinden. Er war das einzige, was mir von meinen Zwillingen geblieben ist und ich behütete ihn immer noch, wie von dem Tag an, als mir die Schwester 1973 ihn heimlich zukommen ließ. Ich werde dieser Frau für immer dafür dankbar sein. Wäre sie nicht so menschlich mit mir umgegangen, dann hätte ich weder beweisen können, das ich schwanger war, noch das ich Zwillinge zur Welt gebracht habe. Sie war für mich an diesem Tag, wie ein Engel Ich würde mich heute gerne bei ihr bedanken wollen, für ihre selbstlose mutige Tat, einer 15 Jährigen verzweifelten Mutter zu helfen und ihre eigene Ausbildung dabei zu gefährden. Hochachtung spreche ich dieser mutigen Frau aus, denn ich war ein fremder Mensch für sie. Und nun musste ich wieder an den Ort des Verbrechens an mir und meinen Kindern zurück, um nach Beweisen zu suchen. Eine Stunde später waren wir wieder im Archiv und warteten auf den Mitarbeiter des Krankenhauses. Ich zappelte nervös auf meinem Stuhl hin und her. Mein Lebensgefährte versuchte mich zu beruhigen, aber ich war so auf das Ergebnis meiner Suche gespannt, das mich nichts mehr auf meinem Stuhl im Wartebereich hielt. Brigitte, du machst mich Nervös, bitte setze dich doch wieder, sagte mein Lebensgefährte zu mir. Ich war so aufgeregt, ich konnte mich nicht ruhig auf einen Stuhl setzen. Wann kommt er endlich. Er hat gesagt, wir sollen in einer Stunde wieder da sein, oder vergewisserte ich mich. Ja, natürlich, wir sollten in einer Stunde wieder hier sein. 10 Minuten später hörten wir Schritte, die immer näher kamen. Der Mitarbeiter kam gemeinsam mit einer anderen Mitarbeiterin zur Tür herein. Beide machten einen angespannten Eindruck. Kommen sie bitte mit, sagte nun die Mitarbeiterin des Archivs zu mir. Mit wackligen Beinen, lief ich ihr nach. Was wird sie mir sagen. Sie machte ein sehr ernstes Gesicht und dann begann sie mich zu fragen. Sind sie sich sicher, das sie 1973 hier bei uns in der Frauenklinik entbunden haben. Ich schaute sie entsetzt an. Jetzt kam ich wieder in eine Situation, in der ich mich hilflos und ausgeliefert fühlte. Nun passierte es doch. Die Tränen schossen mir in die Augen nein, du darfst jetzt nicht weinen, dann will sie die ganze Wahrheit hören. Ich schluckte und versuchte mit aller Gewalt, meine Tränen zu unterdrücken, um beherrscht zu wirken. Mit aller Kraft antwortete ich, so ruhig, wie möglich. Ich habe zu Anfang ihrem Kollegen meinen alten Mutterpass von 1973 vorgezeigt. Ich schwieg und hörte zu. Die Mitarbeiterin wollte meinen Mutterpass nicht mehr persönlich sehen, sondern vergewisserte sich bei ihrem Kollegen über meine Wahrheitsgemäßen Angaben, das ich in dieser Frauenklinik 1973 entbunden habe. Der Kollege bestätigte ihr, was ich ihr erzählt hatte und danach wirkte sie noch nachdenklicher als zuvor. Sie schaute mich fragend an. Ich verstehe das nicht, denn in meinem Archiv sind alle Entbindungsakten von 1973 archiviert. Sie überprüfte nochmal meine Angaben und meinen damaligen Mädchennamen. Sie schaute nochmals in ihrem Computer nach und ich sah ihr das Unbegreifliche in den Augen an, das verstehe ich nicht, von Ihnen, oder ihrer Entbindung existiert bei uns keine Krankenhaus Akte. Das ist nicht üblich, denn andere Akten von 1973 sind alle Archiviert, außer für die Akte, von Ihnen gibt es keinerlei Hinweise, das sie irgendwann hier stationär aufgenommen oder entbunden haben. Da kann irgend etwas nicht stimmen, wenden sie sich an den Professor des Krankenhauses oder an den, 1973 leitenden Arzt der Geburten Abteilung, er könnte ihnen weiterhelfen. Ihre Akte muss irgend wo geblieben sein. Es tut uns leid, das wir ihnen nicht weiterhelfen konnten, denn es scheint ihnen ja sehr wichtig zu sein, die Unterlagen zu bekommen. Ja, auf jeden Fall sagte ich und bedankte mich, bei den freundlichen Mitarbeitern des Krankenhaus Archiv. Ich hatte mehr erfahren, als ich zu hoffen wagte, denn die Fakten zeigten darauf hin, das es sich in meinem Fall um die von mir befürchtete Zwangsadoption handelte, deren Opfer wir geworden sind. Von einem Moment zum anderen war mir, als ob jemand, einen schwarzen Vorhang wegzog und ich alles Geschehene viel klarer sah, was mir in dieser Frauenklinik angetan wurde. Ich wusste endlich, wo ich suchen musste und hatte einen Namen für die uns angetanen Grausamkeiten Zwangsadoption. Hinweise, dafür hatte ich im laufe der Jahre meiner Suche, immer wieder erhalten, während ich meine Erlebnisse fremden Menschen erzählte. Ihr letztes Wort, worüber sich alle die Menschen unabhängig von einander einig waren. Sie und ihre Kinder sind Opfer einer Zwangsadoption in der BRD geworden. Ich konnte es nicht glauben. Ich dachte, so etwas unmenschliches gab es nur in der DDR. Durch eine Mitarbeiterin einer Organisation gegen Zwangsadoption, habe ich erfahren, das Zwangsadoption auch in der BRD praktiziert wurde. Der Name des Professors aus der Frauenklinik Berlin ging mir nicht mehr aus dem Kopf und ich recherchierte sofort über ihn im Internet. Die Mitarbeiterin aus dem Archiv meinte der Professor war schon 1973 Arzt in der Frauenklinik Die Informationen über den Professor der Frauenklinik im Internet, waren sehr informativ. Mir ist aufgefallen, nachdem ich mehrmals in die Suchmaschine Wer war 1973 leitender Arzt der Geburten Abteilung in der Frauenklinik. Wurde mir ein mir unbekannter Name genannt. Der jetzige Professor war 1973 Radiologe der Geburten Abteilung. Es gab keinen wirklichen Hinweis im Internet. Ich habe an diesem Tag im Internet herausgefunden, was mich sehr Erschreckte, das in der selben Frauenklinik, in der ich 1973 entbunden habe, um 1937 den Namen Brandenburgische Landesfrauen Klinik hatte und das dort 1937 Zwangssterilisationen statt gefunden haben, gegen den Willen der Frauen Grausame Machenschaften!Mich hat dieser Bericht im Internet sehr erschüttert und mich sofort, an mein eigenes grauenvolles Erlebnis in dieser Frauenklinik Hölle erinnert. Ich schaltete meinen Computer aus, denn ich hatte für den heutigen Tag, genug erfahren und gelesen, das musste ich erst mal wieder verkraften. Ich fing an zu überlegen und dachte, wie willst du als Opfer dieser Machenschaften von Ärzten und Behörden, irgend etwas über den Verbleib deiner Kinder herausfinden, die haben bestimmt alle Beweise vernichtet. Ich hätte verzweifeln können, ich fand zwar Informationen, aber schriftliche Beweise waren sehr rar. Wie sollte es weiter gehen, ob ich es schaffe, meine Kinder in diesem Leben noch zu finden. Wie soll das gehen, fragte ich mich. Das waren die Tage, wo ich zwar Informationen sammeln konnte, aber diese Tage zeigten mir auch, wo meine Grenzen sind und diese waren sehr schmerzlich für mich. Nach solchen Aktionen, die mich seelisch nicht gerade aufbauten, musste ich mich erst einmal wieder von meiner Suche distanzieren, um Kraft zu sammeln. Ich hatte noch einige Stationen vor mir, denn die Mitarbeiterin von der Adoptionsstelle hatte mir so einige noch nicht gegangenen Wege aufgezeigt. Ich lenkte mich so gut es mir möglich war, von meiner Suche ab, denn ich musste Kraft sammeln und Ruhe finden, um weiter suchen zu können. Ich ging bummeln, hörte Musik, um Frust abzubauen fuhren ich und mein Lebensgefährte Fahrrad oder machten lange Spaziergänge mit den Hunden durch den Wald. So, konnte ich wenigstens gut schlafen und hatte keine Schlafstörungen Alpträume, oder mir blieb mitten im Schlaf die Luft weg. Alle Symptome psychosomatisch, sagte mein Arzt kein Wunder dachte ich, bei den Erlebnissen. Einige Wochen später, ging es mir rundum wieder besser und ich verspürte wieder, diese starke Sehnsucht einer Mutter nach ihren Kindern. Ich glaubte fest daran, das wenn man sein Kind geboren hat, das Kind egal - wo, auf der Welt es sein könnte, dieses unsichtbare Geburtsband zwischen Mutter und Kind immer bestehen wird. Dazu kann ich nur sagen, das mir die wahren

Geschichten, wo die Adoptierten ihre Herkunftsfamilien mit einem Fernsehteam suchen, oft eine Stütze waren. Sie gaben mir ein bisschen Hoffnung, auch wenn ich meine Tochter erst nach 40 oder 50 Jahren finde, sie immer spüren wird, das ich ihre leibliche Mutter bin. Es kann bei uns anders sein, vielleicht will sie nichts mit ihrer Herkunftsfamilie zu tun haben, aber ich gebe die Hoffnung nicht auf und lasse diese Situation auf mich zukommen, wenn es doch schon soweit wäre tröstete ich mich. Dann fiel mir ein, das die Mitarbeiterin der Adoptionsstelle mir vor Wochen angeboten hat, wenn ich Fragen habe, oder noch anderweitig Hilfe brauche, könnte ich bei ihr anrufen. Kurz nachgedacht, hatte ich auch schon den Telefonhörer zur Hand und die Mitarbeiterin von der Adoptionsstelle am Telefon. Sie freute sich über meinen Anruf und fragte sofort, ob ich mit ihren Informationen etwas für mich anfangen konnte. Ja, sagte ich und bedankte mich bei ihr dafür. Ich habe eine Bitte an Sie, könnten sie nachfragen, ob meine Jugendamt Akte von 1973 im Jugendamt meines Wohnortes noch existiert. Dort müsste doch dokumentiert sein, wo hin meine Tochter vermittelt worden ist. Es wurde still am anderen Ende des Telefons. Ich kann gerne für sie nachfragen, kann ihnen aber leider nicht versprechen, das ich mehr Auskünfte bekomme, als sie. Geht es wieder um das Personenstandsrecht, fragte ich, etwas ärgerlich. Ja, auch damit und das eigentlich nur die Adoptierte zu ihrer Herkunftsfamilie Auskünfte erhält. Jetzt lief für einen Moment alles wie in einem schlechten Film ab, ich hörte schon wieder die selben Worte aller Jugendamt Mitarbeiter haben sich denn alle gegen mich verschworen. Wann hört das endlich auf, ich kann es nicht mehr hören. Die Mitarbeiterin von der Adoptivstelle unterbrach meine negativen Gedanken und sagte zu mir, es kann aber 3 Wochen dauern, bis ich eine Antwort bekomme. Rufen sie mich dann an. In diesem Moment fiel mir eine sehr wichtige Frage ein und ich stellte sie eilig zum Schluss. . Ich wollte sie fragen, ob sie mir sagen könnten, was ich im Krankenhaus für Formulare unterschreiben musste. Wissen Sie noch, wie viele Formulare sie unterschreiben mussten, nicht genau. Ich musste sie unter starken Wehen Schmerzen unterschreiben, unmenschlich. Es war ein Stapel Formulare, wo immer wieder zum Schluss des Formulars gestanden hat Einverständniserklärung dann haben sie eine Pflegschaft unterschrieben. Wie, eine Pflegschaft, das würde ja heißen, ich hätte mit 18 Jahren vom Jugendamt gefragt werden müssen, ob ich meine Tochter zurück haben möchte. Ja, so wäre der reguläre Weg gewesen, antwortete die Mitarbeiterin der Adoptivstelle. Hat denn niemand über diese Pflegschaft mit ihnen geredet. Nein, die haben, außer das ich menschenunwürdig behandelt wurde, überhaupt mit mir über Nichts geredet, nicht vor der Geburt und nicht nach der Geburt, das ist die schreckliche Wahrheit. Meine Gefühle fuhren Fahrstuhl und mir fiel zu dieser Auskunft nicht mehr ein, außer das ich Opfer von einer Zwangsadoption geworden bin. Wo scheinbar Menschen, die mir etwas bedeutet haben, mitgemacht haben, um für fremde Menschen, an meine Babys zu kommen. Ich konnte nicht glauben, das die Eltern meines Freundes zu diesem Intrigenspiel dazu gehören sollten. Dann müssten die Eltern, die Frauenklinik und das Jugendamt gegen mich zusammen gearbeitet haben und mir unter Zwang die Kinder entzogen haben. Seine Eltern waren von Anfang an dagegen, das wir so früh Eltern werden. Warum hat das Staatliche Jugendamt da mitspielt, das ist mir unbegreiflich. Egal, was andere wollen, das Jugendamt hätte mich, die Mutter und meine Babys schützen müssen, dazumal meine Familie geregelt und liebevoll war und wir die volle Unterstützung bei Ihnen gefunden hätten. Meine Mutter hatte mir vor Jahren endlich einen schriftlichen Beweis darüber gegeben, das die Eltern des Kindesvaters sich mit dem Jugendamt und dem Krankenhaus gegen uns verbündet haben und mich und meine Babys buchstäblich ans Messer geliefert haben. Nur um meine Kinder in Westfalen in ihrer Verwandtschaft weiter zu reichen. So wurde es von ihnen geplant. Meine Familie wurde nicht gefragt,

sondern erpresst und aus gebotet. Mir ist schon ein Baby verstorben und das Eine Mädchen, was mir geblieben wäre, haben
sie mir auch noch verschleppt, ohne Rücksicht auf die Gefühle
einer Mutter. Wie niederträchtig Menschen doch werden können, wenn sie etwas begehren, was Ihnen nicht gehört. Solche
Menschen kann ich nur verachten. Warum haben sie mir und
ihrem eigenen Sohn, so etwas Böses angetan. Ich wollte es nicht
glauben, ich dachte sie haben mich gern gehabt. Oder haben
mir etwas vorgespielt, um an meine Kinder heran zu kommen.
Wahrscheinlich war die geschenkte Spanien Reise nur ein Köder,
um mein Vertrauen zu erschleichen. Nichts davon war ehrlich
gemeint, wie erbärmlich. Ich fragte mich, ob der Kindesvater
von diesem Intrigenspiel informiert wurde von seinen Eltern.
Er hat mich, sowie seine Eltern, nicht mehr im Krankenhaus
besucht. Meine Mutti kam jeden Tag zu mir in die Frauenklinik zu Besuch, sie hatte nichts vor mir zu verbergen. Mutti ist
selber von denen unter Druck gesetzt und erpresst worden. Sie
war völlig ausgebrannt und seelisch fertig gemacht worden, weil
sie mich und die Babys schützen wollte. Aber Mutti hat gegen
Windmühlen gekämpft, denn die Eltern hatten das Krankenhaus und die Behörden auf ihre Seite gezogen. Ich habe das
Gefühl, da war Geld im Spiel. Es tun sich Abgründe auf, wenn
ich nur daran denke. Aber ich werde solange daran denken, bis
ich die ganze Wahrheit gefunden habe, nicht nur Bruchteile einer Wahrheit. Meine Hoffnung lag nun bei der Mitarbeiterin
der Adoptivstelle, vielleicht bekommt sie meine Jugendamt Akte
von 1973. Die 3 Wochen waren relativ schnell um und ich rief
die Mitarbeiterin der Adoptivstelle an. Sie war sehr freundlich,
als sie meine Stimme hörte ich habe ihren Anruf schon erwartet.
Leider kann ich ihnen keine guten Nachrichten überbringen.
Von Ihnen existiert keine Jugendamt Akte mehr, diese wird nach
30 Jahren vernichtet und es ist leider über 30 Jahre her. Hingegen, die Adoptionsakten 60 Jahre aufgehoben werden müssen.
Immerhin war das ein kleiner Trost für mich, falls meine Toch-

ter mich doch suchen sollte. Den Tränen nahe, sagte ich zu ihr, das ich 1994 beim Jugendamt meines Wohnortes nach meiner Jugendamt Akte nachgefragt habe und mir da auch schon gesagt wurde, es würde von 1973 keine Jugendamt Akte von mir existieren. Das ist aber seltsam, überlegte die Mitarbeiterin der Adoptivstelle, da hätte aber noch eine Akte von Ihnen existieren müssen. Die Lügen mich alle an, ich halte das kaum noch aus. Wem oder was soll ich noch glauben. Ich bin schon so mürbe und habe kaum noch Nerven. Es tut mir wirklich Leid für sie, aber etwas anderes kann ich ihnen nicht sagen. Das einzige was ich ihnen noch raten könnte, reden sie mit dem Vater der Kinder und fragen sie nochmal beim Standesamt ihres Wohnortes im Geburtenregister nach. Gut, antwortete ich, das werde ich versuchen, vielen Dank. Enttäuscht legte ich wieder den Telefonhörer auf und fühlte mich wie oft zuvor in den Jahren, dieser endlosen Suche, müde leer ausgebrannt und einsam, als Opfer von fremden Machenschaften. Mich überfiel das Gefühl, viel brauchbares zu erfahren und wiederum nichts zu erfahren, um gezielt weiter zu suchen. Es war jedes mal eine Zerreißprobe. Den Kindesvater fragen ist gut, soll ich ihm erzählen, das mir meine Mutter schriftlich gegeben hat, das seine Eltern an diesem Intrigenspiel Kindesentzug mit beteiligt waren. Er ist schon fast umgefallen, als ich ihm sagte, eine seiner Töchter lebt noch. Nun kam noch dazu, das auch seine Eltern verstorben sind und ihr Geheimnis für immer mit genommen haben. Die Mitarbeitern von der Adoptionsstelle hatte wirklich Recht. Ich war es ihm schuldig und anstatt schlecht über ihn zu denken, sollte ich ihn lieber persönlich fragen. Er war zu diesem Zeitpunkt auch nicht Volljährig und hatte nichts zu melden. Er konnte nicht daran beteiligt sein, nicht Er. Ich hatte noch so viel vor, ich musste jetzt Schritt für Schritt, innerhalb meiner Suche weiter gehen, sonst würde ich mich irgend wann im Kreis drehen und das sollte nicht passieren. Damit würde ich mich selber blocken. Ich überlegte und überlegte, die Worte der Mitarbeiterin der Adoptionsstelle ließen nicht mehr los, ich konnte kaum noch eine Nacht richtig durchschlafen. Ständig grübelte ich, wann soll ich ihn anrufen und fragen, ob er von den Vorhaben seiner Eltern etwas gewusst hat. Oh, Gott, es war so viele Jahre her er wird mich fragen, warum ich ihm nach so vielen Jahren danach frage. Fest stand für mich, er hat genauso ein Recht darauf, wie ich zu wissen, das seine Eltern etwas mit dem Kindesentzug zu tun hatten und den Grund, wenn es dafür überhaupt einen Grund geben würde. Ich habe es ihm jahrelang verschwiegen aus Angst ihm weh tun zu müssen, denn es sind immer seine Eltern. Ich nahm mir an diesem Tag vor, ihm die Wahrheit zu sagen. Ich wollte es nicht mehr auf die lange Bank schieben. Ich wollte vorher erst einmal noch mit meinem Sohn darüber reden, den ich gleich am nächsten Tag angerufen habe. Mama, was willst Du machen. Mein Sohn, viel fast der Telefonhörer aus der Hand. Du willst Papa nach so vielen Jahren sagen, das seine Eltern etwas mit dem Kindesentzug zu tun hatten. Es sind auch meine Oma und Opa. Es tat mir so Leid für meinen Sohn, ihn damit zu belasten, aber die Wahrheit musste endlich ans Tageslicht, sonst würde dieses gespannte Lügennetz von 1973 nie verschwinden. Willst du Papa die Botschaft überbringen, das seine eigene Tochter von seiner Verwandtschaft in Westdeutschland großgezogen wurde und er sie sogar auf Feiern gesehen hat, sein eigenes Kind, wie grausam Mama. Mein Sohn sagte ich, ich habe mir diese Grausamkeit nicht ausgedacht, das waren Andere. Ich bin auch nur zum Opfer geworden. Er wurde immer stiller und ich fühlte, das er mich verstanden hat. Ich stand wieder an den mir bekannten Abgrund und schaute in Leere wie Recht du hast, ich denke Tag und Nacht, darüber nach, wie ich es ihm sagen soll. Mein Sohn war mit der Situation völlig überfordert und sagte zu mir. Mama, ich würde dir gerne helfen, aber das ist eine Sache zwischen Dir und Papa, ich war zu dieser Zeit noch nicht auf der Welt. Mein Sohn bot mir an, seinen Vater an zu rufen und ihm zu sagen, das er mich dringend anrufen soll, dafür war ich ihm sehr dankbar gut sagte ich, damit hilfst du mir sehr vielen Dank. Die nächsten Tage, wurden unerträglich, ich schaute ständig ängstlich zum Telefon, immer wenn es klingelte, dachte ich er ruft an, aber er hatte es sicher nicht so eilig mich an zu rufen. Wir waren noch gute Freunde und verstanden uns freundschaftlich. Kein Wunder, ich lernte ihn mit 14 Jahren, er war 17 Jahre in meiner Clique in der Reuter Straße in Berlin Neukölln kennen. Als ich ihn kennen lernte war er nicht mein Typ, aber als wir uns öfter gesehen haben und miteinander redeten, da haben wir uns in einander verliebt. Wir waren unzertrennlich. Vor allem wollte er nicht sofort Sex von mir, damit wollten wir uns noch Zeit lassen und er akzeptierte es. Gerade träumte ich von alten Zeiten, da klingelte mein Telefon. Ich ging ein wenig benommen, versunken in meinen Gedanken an alte Zeiten, als ich schnell in der Realität landete. Hallo, ich bin es, der Vater deiner Kinder. Unser Sohn hat mich gestern angerufen und sagte, du musst dringend mit mir reden. Oh, Ja, stammelte ich sofort los es ist wirklich sehr wichtig, das wir miteinander reden Na, dann los, was ist denn so brennend wichtig, jetzt bin ich neugierig geworden. Ich dachte kurz nach und stammelte weiter. Kannst du dich noch an 1973 erinnern. Ja, wolltest du mit mir über 1973 reden, das ist sehr lange her. Ja, das ist mir klar, aber weißt du noch, was 1973 zwischen uns passiert ist jetzt bin ich überfragt kannst du bitte aufhören in Rätseln zu sprechen und mir endlich sagen, warum ich dich so dringend anrufen sollte. Er wurde richtig zickig, aber das spornte mich an, um endlich die Wahrheit zu sagen. Denke mal nach, was ich 1973 war, oder hast du das Ereignis auch vergessen. Du warst schwanger mit unseren Zwillingen. Dann hast du mir nach Jahren gebeichtet, das ein Mädchen überlebt hat, aber da stellt sich gleichzeitig in mir die Frage, wo ist unsere Tochter geblieben, wenn sie nicht verstorben ist. Genau darüber wollte ich mit dir reden, aber du meldest dich von alleine auch nicht bei mir. Er wurde immer ruhiger und ich hörte, wie er schwer schluckte. Was willst du mir heute erzählen. Es tut mir so leid ich musste eine Notlüge eingesetzten, um Beweise zu sammeln um dir die ganze Wahrheit sagen zu können. Ich wollte dich nicht belasten, verstehst du mich. Er sagte ja und um was geht es jetzt genau. Du musst jetzt sehr stark sein. Auch wenn deine Eltern nicht mehr auf dieser Erde sind, spricht es sie nicht heilig. Was willst du damit sagen, seine Stimme wurde lauter und fordernder. Bitte bleibe ruhig, sonst müssen wir das Gespräch beenden, denn das was ich dir zu sagen habe, wird dir sehr weh tun. Hast du nicht die gesamten Jahre gelitten und leidest heute noch darunter. Er reagierte ganz plötzlich auf mein Anliegen, mit Verständnis, damit rechnete ich nicht. Ich hatte nun keine Angst mehr ihm die Wahrheit zu sagen, denn er war bereit dazu. Ich erzählte ihm alles, das was am 16. 09. 1973 in dieser Frauenklinik geschehen war und das seine Eltern an allem mit beteiligt waren.

Er sagte nicht viel dazu, aber ich fühlte wie seine Gefühle Achterbahn fuhren, er tat mir unsagbar Leid. Auf der anderen Seite war ich froh, ihm endlich nach jahrelangem Schweigen die ganze Wahrheit gesagt zu haben. Seit diesem Tag, hat er sich nicht mehr bei mir gemeldet. Ich habe von meinem Sohn erfahren, das er sehr Enttäuscht ist und erst mal wieder zu sich selber finden muss. Ich kann ihn gut verstehen, er hat mein volles Mitgefühl. Er hatte alles Recht der Welt nach dieser Aktion auf mich sauer zu sein. Ich bin sehr Enttäuscht aber ich musste seine Entscheidung so annehmen. Er brauchte nun Zeit und Verständnis mit meinen Aussagen zurecht zu kommen. Eine Woche später rief mich der Vater meines Sohnes wieder an und wollte die ganze Geschichte von 1973 in allen Details von mir hören, um sich von dem Geschehen, sein eigenes Bild zu verschaffen. Ich musste jetzt in Sekundenschnelle in meinen Gedanken abwiegen, was erzähle ich und was verschweige ich, um ihm nicht noch mehr Schock Situationen zuzumuten. Ich fing damit an, das ich am 8. 09. 1973 in die Frauenklinik musste Ja, das habe ich nicht vergessen, da deine Mutti an diesem Tag Geburtstag hatte. Ich erzählte ihm alles was Geschehen war, auch die Vermutung die sich im laufe der Jahre meiner Suche verstärkt hatte, das seine Eltern ein falsches Spiel auf unserem Rücken ausgetragen haben und seine Eltern gemeinsam mit den Ärzten der Frauenklinik und dem staatlichen Jugendamt an dieser Intrige beteiligt waren. Dann erzählte ich ihm, das meine Mutter von allen gnadenlos erpresst wurde und sie sich zwischen Mir und ihren Enkeln entscheiden sollte. Sie sollte mich dazu zwingen, die Unterschriften für den geplanten Kindesentzug zu leisten, sogar unter meinen starken Wehen Schmerzen. Er sagte, was ich da höre, kann ich kaum glauben, allerdings fällt mir dazu ein, das meine Eltern nicht davon begeistert waren, das ich so früh Vater werden sollte. Sie sagten zu mir Junge da verbaust dir mit Kindern deine ganze Zukunft, das gab mir zu denken. Ich hätte nie von meinen Eltern gedacht, das sie so weit gehen würden, das Enttäuscht mich sehr. Es hat mich auch sehr enttäuscht, das du mir nicht die ganze Wahrheit erzählt hast, aber jetzt verstehe auch warum. Es ist nicht richtig, was meine Eltern uns angetan haben, aber bitte verstehe mich, es sind immer noch meine Eltern und ich liebe sie. Meine Mutter ist relativ früh verstorben und mein Vater einige Jahre später. Ich konnte nichts mehr dazu sagen, er war so geschockt. Er fragte mich mit leiser Stimme und wo ist unsere Tochter. Ich antwortete ihm, es tut mir leid, ich kann dir über ihren Aufenthalt nichts sagen, es gibt da Vermutungen, aber ich bin immer noch auf der Suche nach eindeutigen Beweisen. Ich kann jetzt nicht mehr reden, tut mir leid, sagte er traurig zu mir, wir können ein anderes mal weiter darüber reden, es muss erst mal sacken. Eine Frage hatte ich noch an Ihn. Hast du dich auf die Zwillinge gefreut. Oder hattest du mit dem Kindesentzug auch etwas zu tun. Bitte sei Ehrlich zu mir. Haben sie dich auch wie mich gezwungen Formulare zu unterschreiben. Bitte, antworte mir. So, wie du sagte er sarkastisch zu mir. Was soll das dachte ich. Ich dachte, das Thema hätten wir geklärt. Glaube mir, erwiderte er, auf meine Frage. Ich wollte die

Zwillinge mit dir gemeinsam großziehen und hätte bestimmt nichts unterschrieben, was uns allen geschadet hätte. Außerdem war ich zu dieser Zeit, auch nicht Unterschriften berechtigt, da ich genauso wie du nicht volljährig war. Ich möchte dir auch noch etwas dazu sagen. Es wäre schön gewesen, wenn du mir von Anfang an gesagt hättest, das ich noch eine Tochter habe, dann hätten wir gemeinsam nach ihr suchen können, warte bitte nicht nochmal 30 Jahre ab und halte mich auf dem Laufenden. , Das musst du nicht mehr alleine durchstehen. Leider waren, das nur schöne Worte, denn danach wollte er über das Thema seine Tochter nie wieder reden. Auch weitere Gespräche über meine Suche nach unserer Tochter ignorierte er plötzlich. Es waren nur tröstende Worte für diesen Moment, als er davon erfahren hatte. Schöne Worte und dabei ist es bis zum heutigen Tag geblieben. Auch mein Sohn hat sich leider im laufe der Zeit von meiner Suche nach seiner Schwester distanziert. Wer wirklich immer hinter mir gestanden hat und mir den Rücken stärkte, war meine Mutti und mein langjähriger Freund und Ehemann. Ohne meinen Ehemann hätte ich manchmal die Suche nach meiner Tochter oft aufgegeben, da ich völlig entkräftet war und mich selber fertig machte. Manchmal versank ich in Selbst Vorwürfen. Hätte ich doch sofort nach der Geburt, noch im Krankenhaus nach meiner Tochter gesucht sie war 4 Tage dort, im Kinderkrankenhaus was bin ich für eine Mutter dann unterbrach mein Ehemann, dieses Leiden und stärkte mich damit, in dem er mir noch mal vor Augen hielt, unter welchen schwierigen Umständen ich meine Suche durchführen musste, nur mit einem Mutterpass, zum Beweis, das ein Mädchen überlebt hat um diesen Beweis, schriftlich bestätigen zu lassen, musste ich jahrelange Niederlagen hin nehmen. Ich war an solchen Tagen sehr verzweifelt, dabei war ich nicht die Schuldige, sondern die Menschen für mich sind es Menschen - ohne Herz und Seele, die mir das Schreckliche angetan haben. Ob denen bis heute klar ist was sie in ihrem Leben anderen Menschen mit ihren egoistischen

Aktionen angetan haben in ruhigen Stunden denke ich darüber nach. Was sind das für Menschen, die so etwas einem anderen Menschen antun. Ich werde es nie verstehen. Das kann nicht zum Wohle eines Kindes sein. Aber das müssen diese Menschen mit ihrem Gewissen vereinbaren davon distanziere ich mich. Auf jeden Fall war ich sehr froh, dem Vater meiner Kinder, wenn er sich auch seit dem nicht mehr bei mir gemeldet hat, die Wahrheit gesagt zu haben. Ich nahm mir für die nächste Zeit vor, dem Standesamt in meinem Wohnort auf den Zahn zu fühlen. Wo sollte ich nochmal nachfragen, ich überlegte. Ach ja im Standesamt, dem Geburten Register. Das Wochenende gönnte ich mir nochmal Ruhe. Wir gingen spazieren und versuchten mit schönen Dingen abzuschalten. Das war eine Ablenkung für mich. Am Montag früh fuhren wir gemeinsam zum Standesamt. Ich war immer noch aufgeregt und konnte die Nacht zuvor kaum schlafen, denn in meinen Gedanken spielte ich immer wieder durch, was ich zu der Mitarbeiterin sagen werde, aber wie immer, sollte man nicht den zweiten Schritt vor dem ersten tun. Verschlafen kamen wir am Vormittag beim Standesamt an. Ich klopfte, wie schon so oft in den Jahren zuvor, an einer Behörden Tür und war immer wieder aufs neue aufgeregt und zittrig. Ich bat meinen Mann, als Zeuge mit in das Zimmer zu kommen, das war für ihn kein Problem. Wir traten gemeinsam in das Zimmer des Standesamtes ein und ich grüßte freundlich. Freundlich, fragte mich auch die Mitarbeiterin, die hinter ihrem Behördentisch stand, was sie für mich tun kann. Ich fragte gerade heraus, was ich für ein Anliegen habe. Ich brauche einen Geburten Register Auszug von meiner Tochter geboren am 16. 09. 1973 in der Frauenklinik hier im Wohnort. Dann machte ich einen groben Fehler, der mir leider zu spät aufgefallen ist. Sie lief gerade zu einem Regal, wo schwarze kleine Bücher standen und nahm eins davon zur Hand. Sie fragte nochmal nach meinem Mädchen Namen und das Geburtsdatum meiner Tochter. In diesem Moment habe ich zu voreilig gehandelt, nahm meinen

Mutterpass von 1973 aus meiner Tasche, um ihr zu beweisen, das ich die Wahrheit spreche. Ich hätte lieber mit Geduld abwarten sollen, aber da war es schon zu spät. Sie riss den Mutterpass hektisch an sich, schaute abwechselnd in den Mutterpass und in das kleine schwarze Buch. Ich schaute zu meinem Mann und dachte, was hat diese Frau für ein Problem. Es wurde noch hektischer plötzlich rannte die Mitarbeiterin mit meinem Mutterpass in der Hand und dem Geburten Register Buch zu einer anderen Kollegen und die rannte wieder zur nächsten Kollegin und dann standen alle 3 Mitarbeiterin des Standesamtes dicht zusammen und schauten abwechselnd in meinen Mutterpass und in das schwarze Büchlein. Mein Mann und ich standen wie angewurzelt da und konnten nichts dazu sagen, es war wie ein Zug, der zu rollen beginnt und wir konnten nur noch abwarten, bis dieser Zug zum Stehen kommt. Es war nicht zu glauben. Als die 3 Mitarbeiterin des Standesamtes, alle Unterlagen genau überprüft hatten, rannten alle 3 Mitarbeiterin im Einklang in ein sich im Zimmer befindendes verglastes Büro. Alle standen dicht zusammen, an einem Schreibtisch und ich sah wie eine von ihnen vor sich den Mutterpass zu liegen hatte und telefonierte. Ich dachte, was ist hier los und was haben die gefunden, was sie in helle Aufregung versetzt. Wir standen immer noch wie angewurzelt da und bewegten uns keinen Millimeter. Die Mitarbeiterin, die telefonierte, legte nach einigen Minuten den Telefonhörer auf und kam mit hochrotem Kopf völlig außer sich aus ihrem verglasten Büro, meinen Mutterpass in der Hand. Sie stellte das Geburtenregister Buch eilig zurück in das Regal und steuerte stampfend und schnaufend, wie eine Diesel Lok auf uns zu schmiss mir meinen Mutterpass hin und sagte, mehr als unfreundlich mit kräftiger Stimme. Los nehmen sie. Ich sagte wie bitte, wie reden sie mit mir. Ich kann ihnen die Auskunft aus dem Geburtenregister nicht geben, was denken sie sich eigentlich. Sie können doch nicht nach Jahren kommen und zu ihrer Tochter sagen, ich bin deine Mutter. Wissen sie was sie damit anrichten, wenn sie nicht weiß, das sie adoptiert ist. Ich war völlig fertig und fing an zu weinen. Was fällt Ihnen ein, sie ist doch meine Tochter und ich bin ihre Mutter, ich möchte sie doch nur kennen lernen. Jeder Adoptierte hat ein Recht auf seine Herkunftsfamilie. Die Mitarbeiterin schaute mich böse an und sagte, so hier nehmen sie ihren Mutterpass und gehen sie, von mir bekommen sie keine Auskunft. Ich nahm völlig verheult meinen Mutterpass, bevor diese böse Frau ihn noch einbehält und verließ sehr traurig dieses Standesamt. Wir glaubten nicht, was wir dort erleben mussten. So, eine böse Ablehnung von einer Frau, die uns völlig fremd war. Zuhause angekommen kochte ich erst einmal einen Kaffee und wir setzten uns an den Tisch und ließen das Erlebte nochmal Revue passieren. Unglaublich stellten wir fest, was wir soeben erleben mussten. Als ich mich wieder beruhigt hatte, denn ich war froh aus diesem negativen Umfeld raus zu sein, stellte ich fest, die hat doch irgend etwas gefunden. Ja, sagte mein Mann sie hat bestimmt den Geburten Register Auszug deiner Tochter gefunden. Bist du dir sicher, vergewisserte ich mich. Ja, bin ich mir. Das hat ihre unverschämte Reaktion gezeigt und dann noch der sinnlose Übergriff auf dich und dein Anliegen. Du hast Recht, erwiderte ich. Ich fragte mich, mit wem die telefoniert hat. Ich denke mit einer Jugendamt Mitarbeiterin von Neukölln, oder dem Krankenhaus. Mir ist aufgefallen, das sie mich darauf hingewiesen hat, das ich nicht nach so vielen Jahren bei meiner Tochter auftauchen darf, sie sprach mir ein regelrechtes Verbot, für meine Suche aus. Für mich hörte es sich nach den guten Ratschlägen vom Jugendamt an, ohne Herz und Gefühle. Hilfe konnte ich von denen noch nie erwarten. Immerhin hat die Mitarbeiterin vom Standesamt signalisiert, das sie einen Hinweis auf meine Tochter im Geburten Register gefunden hat, was mir nicht unbedingt, bei meiner Suche weiter geholfen hat, mir aber bestätigte, das einige Eintragungen in meinem Mutterpass von 1973 richtig eingetragen worden sind. Wieder hatte ich ein entscheidendes Teilchen zu meinem Puzzle gefunden, das machte mich dann wieder zufrieden. Ich lasse mir von nichts und niemanden verbieten mein Kind zu finden. Ich bin ihre leibliche Mutter. Niemand konnte mir Egoismus vorwerfen, denn ich wollte Schritt für Schritt meine Tochter finden und wenn sie es auch will kennen lernen. Am nächsten Tag habe ich die Mitarbeiterin von der Adoptionsstelle telefonisch kontaktiert und ihr mein Erlebnis am Vortag vom Standesamt erzählt. Sie bestätigte mir meine Vermutung, das, dass Jugendamt seine Finger mit im Spiel hatte, denn da befindet sich ein Sperrvermerk im Geburten Register für die Herkunftsfamilie. Bevor die Mitarbeiterin des Standesamtes mir Auskunft geben darf, muss sie Rücksprache mit dem Jugendamt halten, daher diese grobe Behandlung. Grobe Behandlung das war Menschen verachtend. Die Mitarbeiterin hat mir regelrecht verboten meine Tochter weiter zu suchen und dazu hat niemand das Recht. Die Mitarbeiterin der Adoptionsstelle versuchte mir die Verhaltensweise der Mitarbeiterin des Standesamtes zu erklären. Wenn sie ihnen einen Geburten Register Auszug von ihrer Tochter gegeben hätte, wäre sie gekündigt worden. Sie darf nach dem Personenstandsrecht bei einem Sperrvermerk, ihnen keinerlei Auskünfte erteilen, auch wenn sie die leibliche Mutter sind. Versuchen sie das auch wenn es ihnen schwer fällt zu verstehen und nehmen sie das nicht persönlich. Irgendwie redete sie auch mit mir, wie eine Jugendamt Mitarbeiterin, aber sie war ja auch eine, der Unterschied war aber, das sie auch Herkunftsfamilien beratend unterstützte. Aber auch sie kam am Personenstandrecht nicht vorbei. Aus diesem Grund gingen alle Türen wieder zu, die ich mir so mühsam in den Jahren geöffnet hatte. Ich fragte noch, ob es Sinn machen würde, mir einen Rechtsanwalt für Familienrecht zu nehmen, sie sagte teils teils, aber meistens findet er auch nicht mehr heraus, als ich schon selber gefunden habe, denn auch ein Rechtsanwalt kann das Personenstandsrecht und Sperrvermerke des Jugendamtes nicht umgehen. Ich war immer froh, wenn ich die Mitarbeiterin der Adoptionsstelle erreichte, denn mit ihrer Beratung kam ich immer in meiner Suche um Schritte voran. Ich dachte nach dem Telefonat, das kann doch nicht Wahr sein, hat das Jugendamt, denn immer noch Macht über mein Leben und das meiner längst volljährigen Tochter. Die vom Jugendamt haben 1973 mit Ihrem Kindesentzug für ein ganzes Leben vorgesorgt, um meine Familien zu schädigen unglaublich, aber scheinbar die bittere Wahrheit und wie viele Mütter Kinder und Familien haben die Machenschaften der Jugendämter ins Unglück gestürzt. Ich frage mich in was für einer verrohten Welt leben wir. Leider hat nicht jede Herkunftsmutter die Kraft und Ausdauer, die ich über Jahre schon habe. Ich hoffe, das ich mit meinem Buch, den betroffenen Mütter und Familien Kraft gebe, endlich auf zu stehen und für ihre Rechte als Herkunftsmutter zu kämpfen, um ihre verlorenen Kinder in ihre Arme zu schließen. Erst dann wird das Jugendamt seine Macht verlieren. Die Gesetze müssen verändert werden, indem alle Adoptierten und Herkunftsfamilien, die gleichen Rechte auf Unterstützung bei ihrer Suche von allen Jugendämtern bekommmen. Das wünsche ich mir als Herkunftsmutter und Opfer einer Zwangsadoption. Die Recherchen gingen weiter. Ich erinnerte mich an den Zeitungsartikel, den ich 1978 im Gropius Spiegel gelesen hatte Eine Minderjährige Mutter bekam ihr Baby wieder. Damals wurde aufgedeckt, das einige Krankenhäuser in Berlin mit den Jugendämtern zusammen arbeiteten und unseriös vor allem Minderjährigen Müttern, oder Unverheirateten, die Babys sofort nach der Geburt entzogen. Die Mütter blieben immer mit einem schweren Trauma zurück. Leider habe ich den Artikel nicht aufgehoben, da kam mir eine Idee. Es gab Zeitungsarchive und dort habe ich angerufen

Und nach dem Zeitungsartikel von 1978 gefragt. Die Dame vom Zeitungsarchiv Berlin fragte die Daten ab und in welcher Zeitung der Artikel erschienen ist. Ich gab ihr die Auskünfte und sie versprach mir nach zu forschen und falls sie fündig wird, mir sofort den Zeitungsartikel mit der Post zu senden. Es könnte bis zu 4 Wochen dauern, meinte sie, bevor sie das Gespräch mit mir beendete. Abwarten war ich von den Behörden schon gewohnt. So akzeptierte ich die mir vorgegebene Wartezeit, der Zeitungsarchiv Mitarbeiterin. Ich war stolz auf mich, ich hatte wieder etwas erreicht, was mir bei meiner Suche hilfreich sein könnte, hoffte ich jedenfalls. Nach 14 Tagen bekam ich vom Zeitungsarchiv in Berlin einen Brief nervös und voller Erwartung öffnete ich den Brief. Ich hielt einen Zeitungsartikel in der Hand, der zwar nicht dieser aus dem Gropius Spiegel war, aber diesem ähnelte. Es ging um eine 15 Jährige Minderjährige, die 1987 im einem Krankenhaus in Berlin Kreuzberg ein Mädchen zur Welt brachte, das ihr unter dem Vorwand, das Kind müsste geröntgt werden, vom Jugendamt heimlich weggenommen wurde. Sie war völlig verzweifelt, weil ihr Baby nicht mehr zu ihr zurück gebracht wurde. Sie wurde eiskalt vom Krankenhaus Personal angelogen, so das, dass Jugendamt des Wohnortes seine Machenschaften ausüben konnte. Der Unterschied zu meinem erzwungenen Kindesentzug war, das die 15 Jährige Minderjährige, nachdem sie nachfragte, wo ihr Baby geblieben ist, das Jugendsamt tätig wurde und mit ihr gemeinsam nach Lösungswegen gesucht hat und sie bekam ihre Tochter wieder. Mit mir hat Niemand darüber geredet. Ich musste mit meinem Schmerz über den Verlust meiner Babys, ohne Hilfen fertig werden. Kein Berliner Jugendamt hat mich unterstützt, oder mit mir einen Lösungsweg gesucht. Ich hätte mir das so sehr gewünscht. Ich habe mir auch sehr gewünscht, das meine Mutti, ihre Enkelin, ein Einziges mal in die Arme nehmen könnte. Aber dazu ist es leider nicht mehr gekommen. Leider verstarb meine Mutti, am 11. 03. 2008. Für mich brach eine Welt zusammen. Mein Wunsch ging nicht in Erfüllung, das sie Ihre Enkelin kennen lernt. Nun hoffe ich für meinen Sohn, wenn er sich auch mit den Jahren aus seelischen Gründen, davon distanziert hat, seine Schwester zu finden. Die Suche nach meiner Tochter, erinnert mich an eine unendliche Geschichte. Ich wünsche mir von Herzen, das sie ein gutes Ende nimmt und meine Tochter sich zu mir bekennt. Niemand hat ihr jemals gesagt, das sie adoptiert worden ist. Mein Glückwunsch Jugendämter und Behörden. Ihr habt in meinem Fall lebenslange Arbeit geleistet Seit ihr nun Stolz auf Euch. Ende.

Danksagung

Herzlichen Dank an die Menschen, die mir bei meiner Suche mit Rat und Tat zur Seite standen. Einen besonderen Dank, an meine liebe Mutti, die leider ihre Enkelin nicht mehr kennen lernen durfte, da Sie im März 2008 plötzlich verstorben ist. Einen herzlichen Dank, an meinen lieben Ehemann, der sich seit Jahren aktiv an meiner Suche beteiligt und mich immer liebevoll unterstützt und getröstet hat, wenn ich am Ende meiner Kraft war, oder an der Behörden Willkür fast zerbrochen wäre. Einen lieben Dank, an die Schwester der Frauenklinik, die mir meinem Mutterpass aushändigte, anstatt ihn wie es ihr aufgetragen wurde, im Aktenvernichter verschwinden zu lassen. Danke an einige wenige Mitarbeiter der Ämter und Behörden, die sich nicht hinter dem Personenstandsrecht versteckten, sondern auf ihr Herz hörten. .

Schlusswort

Ich möchte dieses Buch Ein Mutterherz vergisst Nie – Zwangsadoption in der BRD den Menschen widmen, die ihre Kinder durch Machenschaften Anderer, auf dem Wege einer Zwangsadoption verloren haben, indem Ihnen ihre Kinder gewaltsam entrissen wurden, ohne Rücksicht auf die Folgen, mit denen sich eine Herkunftsmutter und die Familien der Kinder, das ganze Leben herum quälen müssen. Ich wünsche mir, das ich mit meinem Buch in der Öffentlichkeit, Menschen die Augen öffne, die sich an Zwangsadoptionen aktiv beteiligt haben. Ich möchte als Herkunftsmutter, die Opfer einer Zwangsadoption im realen Leben geworden ist, an alle diese Menschen – Behörden und Jugendämter appellieren, das es nicht immer zum Wohle des Kindes ist, eine gesamte Familie zeitlebens auseinander zu reißen. Sie werden hier erfahren, was geschieht, wenn einer Mutter eine so gewaltsame Ungerechtigkeit angetan wird. Mit was für korrupten Machenschaften gegen Herkunftsmütter Schritte eingeleitet werden, die alle Menschenrechte auf grobe Art und Weise verletzen. Ich war erst 15 Jahre und bin heute noch schwer Traumatisiert von diesen menschenunwürdigen Behandlungen in dieser Frauenklinik in Berlin Ich möchte mit meinem Buch darauf aufmerksam machen, das Zwangsadoption nicht nur in der DDR durchgeführt wurde, sondern auch in der BRD. Ich war erst 15 Jahre, eigentlich noch ein Kind und musste gewaltsamen Kindesentzug gegen meinen Willen, durch das staatliche Jugendamt von Berlin hautnah miterleben.

Dieses Buch sagt die ungeschminkte Wahrheit. Denkt immer daran: Ein Mutterherz vergisst Nie.